AF599157

Juan Navarro García

LOS RESCOLDOS DE LA CULEBRA

Fuego y muerte en los incendios de Zamora

PRIMERA EDICIÓN: noviembre de 2024
SEGUNDA EDICIÓN: junio de 2025

Calle San Bernardo 97-99, entresuelo 8
28015 Madrid

ISBN: 978-84-19119-80-3
DEPÓSITO LEGAL: M-22352-2024
CÓDIGOS BIC: RNK, JKSW2
IMAGEN DE CUBIERTA: Emilio Fraile
MAPAS: Yolanda Clemente
MAQUETACIÓN: María O'Shea
CORRECCIÓN: Zaida Gómez y Melina Grinberg
IMPRESIÓN: Kadmos

El papel utilizado para la impresión de este libro ha sido fabricado a partir de madera procedente de bosques y plantaciones tratados con los más altos estándares de sostenibilidad, lo que garantiza una gestión de los recursos responsable con el medio ambiente y las personas.

IMPRESO EN ESPAÑA - PRINTED IN SPAIN

Las tipografías son League Gothic y Baskerville.

Para P y para J, por enseñarme a leer.
Para J y para P, por aprender a leerme.

ÍNDICE

Los incendios en Zamora en 2022

nte: Junta de Castilla y León.

Las 31 473 hectáreas quemadas en el incendio de Losacio

Base de bomberos forestales
Villardeciervos

VILLARDECIERVOS

OTERO D
BODA

FERRERAS DE ARRIBA

En **Sesnández de Tábara**, Víctor y Joseba se reencuentran y salen entre las llamas

SARRACÍN DE ALISTE

El fuego atrapa a Eugenio Ratón y a su padre
Sesnández de Tábara

RIOFRÍO DE ALISTE

El fuego atrapa a Ángel Martín
Tábara

Muere Victoriano Antón
Escober de Tábara

Muere Daniel Gullón
Ferreruela de Tábara

En **Ferreruela de Tábara**, Emilio hace sus fotos mientras ve el fuego que se le echa encima

RABANALES

En **Losacio**, cae el primer rayo que origina el incendio

ALCAÑICES

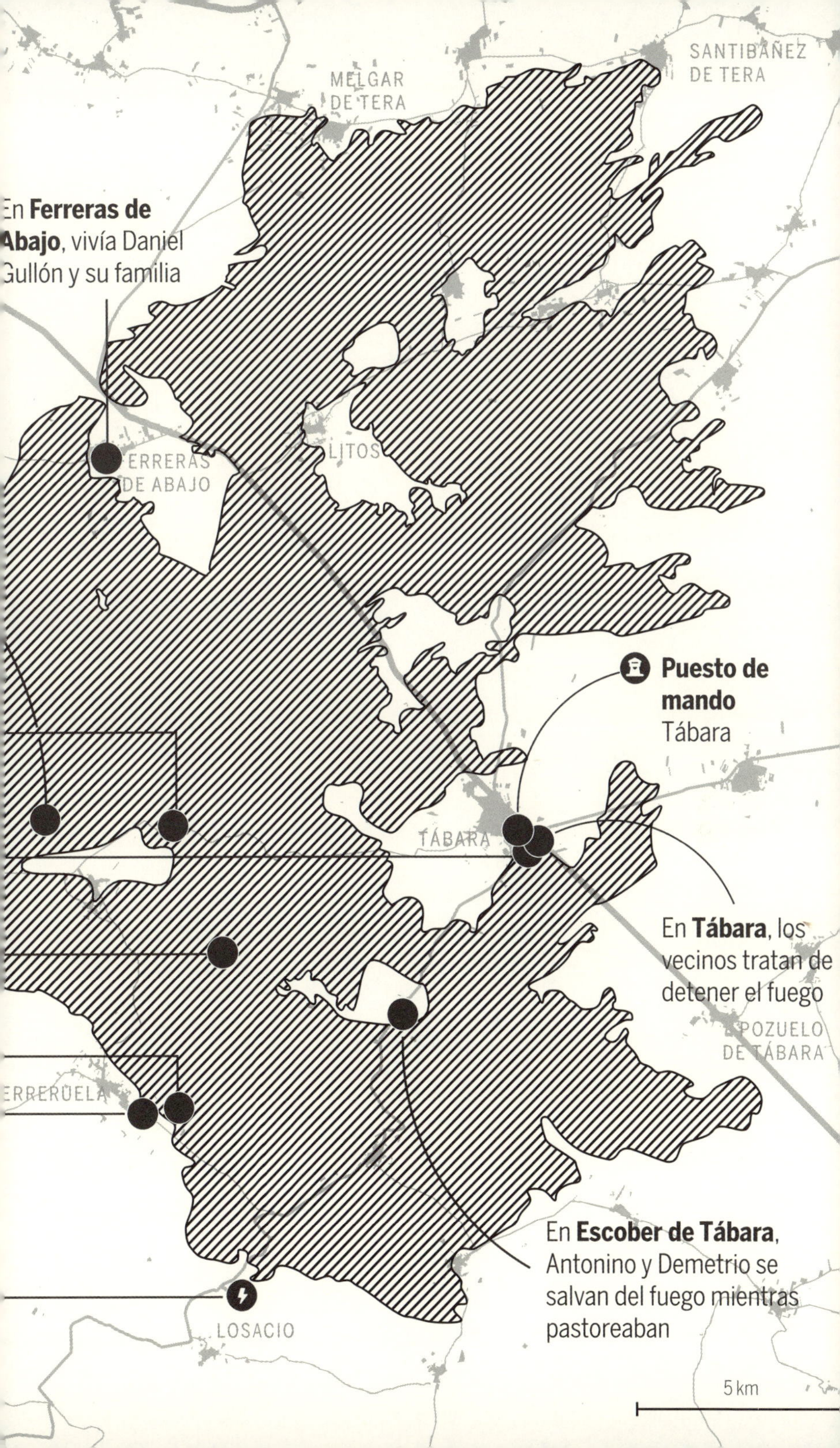

SANTIBAÑEZ
DE TERA
MELGAR
DE TERA
En **Ferreras de Abajo**, vivía Daniel Gullón y su familia
FERRERAS
DE ABAJO
LITOS
Puesto de mando
Tábara
TÁBARA
En **Tábara**, los vecinos tratan de detener el fuego
POZUELO
DE TÁBARA
FERRERUELA
En **Escober de Tábara**, Antonino y Demetrio se salvan del fuego mientras pastoreaban
LOSACIO
5 km

EL FUEGO

—¿Por qué no se incorpora el manguerista de la C-6.9?

—Porque está muerto.

1. DANIEL GULLÓN

El domingo 17 de julio de 2022 es el último día con vida del bombero Daniel Gullón Vara.

El amarillo gobierna sobre el verde, el calor pegajoso exprime la piel y adormece los relojes. Solo las chicharras y los escasos coches que surcan la carretera rompen la densa quietud de un domingo por la tarde. En Villardeciervos, un pueblo de 400 habitantes de Zamora, el silencio y la tranquilidad no gozan del mismo estatus de bendición que en las ciudades; esta sierra de pueblos desperdigados lleva implícita la condena de la despoblación.

Del refugio de bomberos salen risas y voces alrededor de una mesa con comida. Hay que sentir al de al lado como a un hermano para lanzarse juntos contra las llamas, como ha ocurrido en esa misma comarca un mes antes cuando un incendio arrasó unas 25 000 hectáreas: solo la lluvia consiguió apagar lo que sus camiones, mangueras y esfuerzos descomunales apenas lograron contener. Por experiencias como esa los bomberos pregonan que hace falta estar un poco loco para dedicarse a este trabajo. Estas vivencias forjan una familia sin importar la edad, la procedencia o el currículum. Allí se mezclan veteranos junto a veinteañeros con cara de niño, manos de adulto y vidas con más nubes que claros. Para algunos, este trabajo es una alternativa laboral durante los meses cálidos; otros lo hacen atraídos por el deseo de atender los montes donde se criaron. Antaño en este trabajo colaboraban indirectamente los rebaños desaparecidos o los vecinos emigrados que limpiaban el monte para alimentar las chimeneas en los inviernos.

En septiembre, si todo va bien, de vuelta a casa y a esperar a la siguiente campaña.

Después de décadas trabajando en Suiza, Daniel Gullón ya podría estar jubilado, pero ha dedicado los últimos de sus sesenta y dos años a apagar fuegos y a cuidar el paisaje de su infancia: nació en estas tierras de la Culebra, en Ferreras de Abajo (1800 vecinos cuando nació y 450 en la actualidad).

Los almuerzos en la base se convierten en una rutina sagrada. No importa que sea domingo, que ese día no toque trabajar, que se hayan enlazado varias jornadas agotadoras o que haya terminado el turno matinal. Allí acude todo el mundo. Ese día participan las dieciséis personas de dos cuadrillas más otros cuatro integrantes de otras áreas, unidos por el hambre y las ganas de charlar, compartir platos y batallitas, echar unas risas y unas cartas en la sobremesa, siempre con la oreja puesta en la sirena. Por la tarde juegan uno de esos partidos de voleibol donde perder es sinónimo de escarnio hasta la posterior revancha. Las amistades firmes otorgan derecho a mofa en caso de derrota deportiva.

La cháchara prosigue, entre cafés, mientras fuera empieza a cambiar el tiempo. La calma chicha se agita a medida que asoman más nubes. De pronto, la arena forma pequeños remolinos y se levanta del suelo un viento cálido que bambolea la red y las copas de los abundantes pinos. El sol claudica ante la incipiente tormenta. En unos minutos el campo de voleibol será arrasado por el viento. Primer aviso.

La tormenta seca irrumpe sobre el telón de un bochorno asfixiante. El aire se torna denso, casi plástico, angosto. Los escuadrones comienzan a movilizarse en cuanto reciben el aviso de que varios rayos han mordido la sierra de la Culebra, por la zona de Losacio, al sureste. Esa área sobrevivió al incendio del mes anterior. Los brigadistas se hacinan en un claustrofóbico vestuario y descuelgan sus pesados trajes y cascos, se enfundan las gruesas y recias botas, sacan su vestimenta de taquillas chirriantes y de aluminio abollado, como las de un viejo polideportivo municipal. Las mochilas pesan más de veinte kilos y mezclan hachas o herramientas con agua y una bolsa de regalices rojos. También introducen barritas de frutos secos, geles con cafeína y todo tipo de suplemento para obtener energía rápida entre las llamas.

El rayo ha caído hacia las seis de la tarde y prende la sierra de la Culebra. El humo precede al fuego. Primero el olfato, luego la vista, finalmente el WhatsApp y las llamadas angustiadas desatan el pánico en las localidades colindantes. Comienzan las evacuaciones caóticas, niños y ancianos en coche rumbo a la carretera principal. El fuego de las cunetas, visible por los retrovisores, acredita que el terror ya está aquí.

Los más jóvenes, muchos de ellos cincuentones, se quedan en sus pueblos para ayudar a los bomberos. Los habitantes de más de sesenta años, atados a la inactividad en las ciudades y aún con carrete en el medio rural, se suman también al esfuerzo. La Guardia Civil trata de alejarlos del fuego para evitar víctimas, pero fracasa en el intento. Ocurre en Escober de Tábara, Losacio, Sesnández de Tábara, Ferreruela de Tábara, San Martín de Tábara, Olmillos de Castro, Abejera, Ferreras de Abajo, Pozuelo de Tábara o Tábara. Al día siguiente, el guion se repite en Litos, Villanueva de las Peras, Bercianos de Valverde, Santa María de Valverde, Pueblica de Valverde, Melgar de Tera, Pumarejo de Tera o Santibáñez de Tera.

El cielo se ha convertido en una informe masa gris y naranja, como si las llamas fuesen a precipitarse desde arriba, más allá de las pavesas y chispas empujadas por el viento huracanado. Las fotos o vídeos visualizados tiempo después sorprenderán a quienes lucharon en aquel operativo improvisado: casi nadie recordaba el apocalíptico color del horizonte.

En un desesperado intento de impedir el avance de las llamas, los lugareños se suben a sus tractores y provocan una polvareda de tierra alrededor de Escober. Los depósitos de agua para los animales se destinan a proteger las casas; los tubos de las huertas y jardines se emplean casi con inocencia para refrescar los patios o los tejados y apagar las pavesas. Cualquier máquina agrícola con poderosos aperos sirve para la batalla. Los viejos tractores rugen entre las calles de los pueblos rumbo a su periferia, donde los arados o los cultivadores enganchados a la máquina resquebrajan el agrietado suelo y levantan la tierra para taponar vías de acceso. Otros echan mano de azadas, azadones, rastrillos o palas que rescatan de sus huertos o incluso que descuelgan de las paredes de sus patios, donde lucían como adorno. Los calderos se rellenan de agua, pasando de mano en mano. El viento empuja ceniza contra los ojos y las gargantas forman un coro de toses.

Las mangueras, los tractores con aperos, los depósitos agrarios, las garrafas y los cubos apenas logran inquietar al fuego. Sube la temperatura, el viento derrama ceniza y la posa sobre los coches o los alféizares. La resina de las coníferas acelera las llamas y las piñas —que ya nadie recoge para su chimenea porque cada año se encienden menos lumbres— explotan como granadas de mano. Las patrullas movilizadas en esas primeras horas, hacia las ocho de la tarde, se ven desbordadas.

En la base de Villardeciervos, los bomberos intuyen pronto la gravedad de la situación. Las emisoras o portófonos anuncian una mala noticia tras otra. El viento empuja las llamas, con ráfagas de cien kilómetros por hora, los frentes cambian caprichosamente de dirección y los focos se ceban con la madera seca y un monte bajo —hierbajos, escobas, matorrales, zarzas y cardos— convertido en puro combustible.

Hasta los corzos y lobos chamuscados propagan las chispas que tuestan su pelaje mientras huyen. Otros animales perecen asfixiados en este laberinto de dióxido de carbono. Las cortezas saltan y el humo enrojece los ojos. Las botas se tiznan al salir de los caminos y adentrarse entre las llamas. El instinto obliga a mirar hacia atrás por si un viraje del viento, un árbol derrumbado o la propia intensidad del fuego cortan las escapatorias. No se oye nada más que el sonido de la destrucción y los cercados metálicos quedan incandescentes, abrasadores, más afilados que nunca.

Las sienes laten desbocadas y crece la desesperación. El viento eleva la humareda y cubre la sierra de la Culebra de una cúpula negra donde ni el sol ni la luna sirven como referencia. Las ráfagas cambian de dirección e impiden a los bomberos acometer con garantía las lenguas ardientes. El incendio se empacha de la peligrosa regla del treinta: más de treinta grados, rachas de más de treinta kilómetros por hora y humedad relativa menor al treinta por ciento.

La primera orden de la comitiva de Daniel Gullón consiste en dirigirse a Ferreruela de Tábara «a defender el pueblo» desde un paraje elevado, bajo un grupo de molinos eólicos. El retén se instala en un camino de tierra próximo a una colina plagada de jaras y sotobosque. Uno de los guardas forestales les manda hacer un contrafuego, esto es, una quema controlada para intentar contener la expansión anárquica del fuego y evitar que este se propague a una zona crítica (un pueblo, una ladera con mucha vegetación, una zona de especial valor ecológico, una vía de escape). «Combatir el fuego con el fuego. Lo que está ya quemado no se puede volver a quemar», en palabras de un bombero. Hay que hacerlo con mucha cabeza y asegurándose de que hay medios suficientes y se tienen controlados el viento y el lugar. La línea de fuego creada por los bomberos debe estar controlada con el apoyo de los camiones de agua y bordeada por una brecha de varios metros de ancho abierta por un bulldozer, a modo de zona de seguridad por si alguna lengua se descontrola e intenta saltar hacia la parte de atrás. Es decir, el bulldozer hace un cortafuego por si el contrafuego tiene alguna falla. Ese cinturón arado proporciona metros de seguridad.

Las condiciones para dar un contrafuego en ese lugar no son claras porque la tormenta se encuentra muy cerca y el lugar está sometido a vientos erráticos que pueden cambiar de sentido en segundos y envolver al retén, dejándolo sin escapatoria. No parece, tampoco, que se trate de una zona crítica que proteger: se trata de una ladera de matorral sin un gran valor, sin proximidad al pueblo, y las escapatorias y los coches se encuentran ladera arriba. Finalmente, el contrafuego se hace cuesta abajo, algo poco recomendable porque dificulta la capacidad de huida hacia arriba, más aún entre humaredas, con un suelo irregular, infestado de grandes peñascos e inoportunos matorrales de brezo con ramitas afiladas. En la mochila, más de veinte kilos.

Un técnico intenta disuadir al guarda que ha dado la orden, pero este se obceca y los bomberos la acatan: en cuanto las ráfagas amagan con dar tregua, inician la *contra*, pero al bulldozer solo le da tiempo a hacer una pasada porque el experimentado conductor considera que la proximidad del frente impide hacer una segunda.

«No hay tiempo, no hay tiempo, no hay tiempo, no hay tiempo», insisten los brigadistas.

«Aunque sea arriesgar, hay que intentarlo», les responde su superior.

Los bomberos contienen su mal presagio. La disciplina y el respeto a las órdenes del superior mandan sobre el dictamen de sus propios ojos. Los brigadistas empiezan a quemar la zanja abierta por el bulldozer, hacia abajo, con el viento aparentemente a favor, y en situación de relativa tranquilidad, pero continúan pensando que no hay tiempo porque el flanco izquierdo del incendio apunta, desbocado, hacia ellos.

De repente, el aire cambia de dirección. La nube negra se desploma sobre ellos y el frente de llamas que estaban creando se vuelve en su contra. El humo lo cubre todo y apenas atisban al compañero de al lado. El calor, la falta de oxígeno y la adrenalina aturden. Se han dejado atrapar por la emboscada.

—Lo único que recuerdo es un calor que flipas, pero que flipas, y que de repente el guarda se fue, se fueron todos sin avisar, sin decirnos «Salid de ahí», sin decirnos nada. Vio el peligro y se fue en coche, nos quedamos tirados abajo toda la cuadrilla, los de la carroceta de Daniel... Y cuando nos dijeron que había que salir corriendo, ya estaba armado el pitote —recuerda un bombero.

El pitote implica correr cuesta arriba, entre terreno levantado, con una carga pesada, con el fuego sobrevolando sus cabezas como surfistas bajo una ola de fuego, con los ojos escocidos por el humo y la boca rogando oxígeno. Claustrofobia en pleno campo bajo una cúpula oscura y entre paredes de fuego estrechándose como en las trampas de las pirámides egipcias. El ambiente, casi viscoso, denso, dificulta la carrera, boqueando en busca de un oxígeno esquivo, atragantándose con dióxido de carbono, huyendo de entre las fauces de la bestia. El aliento de fuego chamusca las orejas, las cejas, el pelo, la ropa ignífuga y el calzado. Cualquier irregularidad del terreno se convierte en baches y hoyos donde colar la bota y, quizá, no volverse a poner en pie. La vegetación, antes de sucumbir entre crujidos, parece querer enganchar por los tobillos a quienes intentan sortearla. Las columnas amenazan con abrasar a quien ose interponerse en su camino. Es una carrera de obstáculos por un túnel estrecho, envuelto en oscuridad, con el crepitar de la lumbre restallando entre el eco del silencio, con el chasquido del matorral como último estertor según queda arrasado, sin más luz que las escasas guías reflectantes de otros compañeros escapando. Las sienes laten. El bombeo de la sangre resuena en los oídos. La adrenalina se dispara. El ardor muerde la piel y nubla la vista, la tos los llevará al hospital por la inhalación nociva y molestará durante días a los supervivientes, como los ojos rojos por abrirlos en el mar negro y naranja. El pelo tardará semanas en dejar de oler como si hubieran metido el cráneo en una chimenea.

Las sospechas se confirman: huir ladera arriba, entre piedra y tierra, reviste un grave riesgo. Rafael —nombre ficticio— se cae. Una vez. Otra. Las manos se llenan de heridas. Algunos compañeros arrojan la mochila para moverse con más ligereza; otros ni logran manotear para desprenderse de ella. Ya no hay humo porque las lenguas le están pasando por encima. «De repente en diez segundos… ¡Zas! Como si viene una tormenta y en vez de caer agua es fuego», explica gesticulando. El manguerista Daniel se queda en retaguardia, cubriendo el entorno con agua para intentar darles una oportunidad, confiando en impedir el paso del frente.

—Intentamos salir, yo no podía salir, la carroceta se fue por patas. Nada más que quedamos nosotros —suspira Rafael.

El conductor del camión arranca y se va con el otro manguerista a bordo, dejando atrás a Daniel, el tercero del equipo. Otros bomberos suben en sus coches a medida que llegan a lo alto de la ladera. El viento sopla tan fuerte que impide cerrar las puertas. Faltan por escapar cuatro compañeros del helicóptero, entre ellos Rafael, y el jefe de brigada, que había dado la voz de alarma segundos antes.

—Fríamente, creo que yo no hubiera hecho lo mismo, pero igual con la tensión, sin ver nada y sin poder respirar, hubiera hecho igual —apunta Javier Yáñez, habitual compañero del fallecido, ausente aquel día por problemas de salud.

En ese momento ya solo quedan cuatro bomberos en la zona peligrosa y Rafael no ve casi nada. El chaval pasa casi más tiempo en el suelo que de pie, con compañeros ayudándolo a levantarse. El grupo llega al camino, pero deja atrás al manguerista, rezagado, unos metros más abajo, con fe en su manguera.

—Como podíamos, medio moribundos, veíamos cómo se iba yendo la gente. No teníamos ni un vehículo esperando. Yo me tiré en un coche que no era ni el mío, el primero que pillé porque ya era el último, salí andando al camino como un zombi muerto ya, y pararon porque me vieron por el retrovisor.

Ya en el coche, tirado en la parte de atrás de la pick-up junto a la cuba de agua, ve el fuego desplazándose más rápido que el automóvil, saltando entre ramas secas y convirtiendo en piras funerarias cada uno de los árboles plantados allí décadas atrás.

Daniel no logra entrar en ese coche cuyas puertas el viento impide cerrar.

Sus compañeros aún tardarán unos instantes en reparar en la ausencia de su amigo. Desde la base de Villardeciervos, el brigadista Manuel (nombre ficticio) empieza a recabar información y atar los cabos.

—Estábamos en la base, escuchando todo el rato lo que estaba pasando. Allí nos enteramos de la noticia. No sabíamos a quién había afectado. Ha habido un accidente, pero no sabes qué ha pasado. No sabes, no sabes nada. Solo sabíamos que era uno de los nuestros, que era de los que estaban trabajando en la zona de Losacio y ayudando a la gente del pueblo por Ferreruela de Tábara… Al principio, era un incendio empezando, era un descontrol total. Un incendio que en cuestión de dos horas se convirtió en una bestia, con las rachas de viento que había se fue de madre. Ese día amaneció con mucho calor, ese calor de verano que te aplasta con calor de calima; se notaba que iba a haber tormenta. Cómo no lo iba a saber alguien que se dedicara a ello. Igual no se sabía que era para tanto.

En esos momentos de angustia, los compañeros dudan entre averiguar la identidad del fallecido o refugiarse en la ignorancia o en el engaño de que todo haya sido un malentendido y no haya muerto nadie. Creer que el equipo volvería a jugar al voleibol sin ausencias en la convocatoria.

—Al final ya nos llamaron y nos dijeron que había sido Daniel.

Daniel Gullón Vara en su DNI, Daniel para la dotación, Dani para su esposa María Amelia Fuentes Taboada y sus dos hijas Bettina y María —esta última con parálisis cerebral—, y sus dos hermanos, Andrés y Jacinto; el manguerista de la autobomba C-6.9 para la Consejería de Medio Ambiente de la Junta de Castilla y León.

Horas después, el puesto de mando provincial pregunta a través del transmisor:

—¿Por qué no se incorpora el manguerista de la C-6.9?

—Porque está muerto —contesta un compañero.

2. EUGENIO Y DANIEL RATÓN

Hace de playa. A falta de mar, pantano. El embalse de Valparaíso cuenta con varios arenales fluviales donde disfrutar de un chapuzón en localidades como Cional, Codesal, Villardeciervos o Manzanal de Arriba. Los abundantes árboles tostados y las vistas grisáceas dan fe de que ni siquiera la anchura del pantano sirvió de cortafuegos ante el poderío de las llamas del incendio del mes pasado. En los merenderos a la sombra de los castaños, los veraneantes tratan de olvidarse de la reciente desgracia.

Andrea Blanco, periodista de *La Opinión de Zamora*, de veinticinco años, pasa en Valparaíso la tarde de domingo del 17 de julio con unos colegas. Los chavales camelan en la orilla, se refrescan y meriendan, cuando reciben una llamada. Parece que hay fuego en Losacio. Hay que marcharse. Uno de ellos se tensa especialmente: trabaja en el campo y teme perder la maquinaria almacenada en una nave. El grupo deja atrás el ocio y se introduce en el eje del desastre.

Andrea Blanco intenta entrar en Sesnández desde Ferreruela, pero la columna de fuego le impide el acceso. Dando un rodeo por Puercas y Abejera, logra llegar al exterior de su pueblo, desde donde contempla el abismo naranja aproximándose. Consigue sacar a sus abuelos de Sesnández, los lleva a un refugio seguro en Abejera y regresa de nuevo a Sesnández en busca de más familiares: entre ellos, a su tío abuelo Daniel, y al hijo de este, Eugenio.

—Yo vi a mi tío en la puerta de la calle esperando a Eugenio, que debía de estar dentro de casa cogiendo algo para marcharse. Les grité: «Vamos, vamos». Igual me tenía que haber parado para recogerles y que fuesen detrás de nosotros, pero estábamos todos corriendo, yo estaba como loca buscando a mi tía abuela y a mi primo Pablo.

Daniel Ratón es un anciano de cien años. Su mujer, Visitación, ha muerto unas semanas atrás tras meses penando contra el alzhéimer, y su hijo y él se han instalado en el pueblo: en los últimos tiempos, el matrimonio se turnaba entre las casas de sus cinco hijos, en Madrid. Visitación murió en la capital el 28 de junio y la enterraron en su pueblo. Su esposo e hijo decidieron adelantar unas semanas el traslado veraniego a Sesnández. Eugenio Ratón —Uge para sus parientes— ha vendido recientemente unos bares que regentaba en Madrid y con ese dinero y sesenta y cuatro años en la espalda se prepara para la jubilación y para descansar dos o tres meses en Zamora, junto a su padre.

El 17 de julio, el anciano Daniel Ratón recibe la visita de su sobrina, María Jesús Blanco Ratón, de cincuenta y cinco años, y la madre de esta. Se ponen al día, charlan y tachan una tarde más del calendario.

Pasan varias horas de cháchara hasta que las visitantes salen al portal y notan algo inusual.

—Yo oí truenos, era como una tormenta eléctrica seca, no llovía ni nada —detalla María Jesús—. Mi madre me dijo que cogiéramos un paraguas por si nos pillaba por el camino. El caso es que no llovió nada y siguió tronando. Al salir de la casa de mi tío, vi como una columna hacia arriba, como si fuera humo o un remolino o algo así. Justo estaba el alcalde de Sesnández con sus vacas y nos dice que no, que no era un torbellino, sino que había un fuego en Losacio. Yo no sabía nada, pero bueno, lo dijo como si estuviera lejos.

María Jesús y su madre vuelven a su domicilio cuando se levanta una descomunal airada que empuja los contenedores de basura calle abajo. Una vez guarecidas, llega el marido de María Jesús tras echar la partida en la cercana Ferreruela. Con él trae una advertencia: «Deberíamos irnos a Tábara porque yo creo que van a cortar la carretera».

La tarde concluye y el anochecer se combina con la humareda incipiente. Hay que tomar precauciones. Rondan las ocho y media cuando empiezan a preparar las cosas para marcharse del pueblo. La casa de su tío Daniel y de su primo Eugenio queda a la salida de Sesnández, al pie de la carretera. Su primera idea es avisarlos al timbre de la puerta cuando pasen junto a su casa, pero luego piensa que será mejor telefonearles. Informa a su primo de que hay un incendio y que prepare a su padre para una salida inminente y que se lleve consigo los medicamentos y las pertenencias más importantes. A continuación, María Jesús, su madre y su esposo parten hacia Tábara serpenteando los doce kilómetros a través del Alto de Carmona.

Al llegar a Tábara se apean en una explanada que poco a poco empieza a llenarse de coches de refugiados de otros pueblos. Desde allí observan cómo el fuego trepa por las cumbres por donde ellos han conducido hace un rato. María Jesús telefonea sin éxito a su hermano para rogarle que, si deja el pueblo, no conduzca hacia la sierra ya engullida por el fuego.

—Cuando mi hermano Isabelo me dijo que se habían caído las torretas me dio un ataque de ansiedad. ¿Cómo les podría decir yo a mi primo y a mi tío que no vinieran por aquí?

La mayoría de los vecinos abandonan Sesnández por la ruta de Riofrío o Sarracín de Aliste, las más seguras a medida que el fuego se extiende por otros frentes, pero la casa de Daniel se encuentra en el lado más cercano a la carretera rumbo a Tábara. Andrea y su tío Isabelo, que siguen en Sesnández, temen que sus familiares se hayan metido por cuenta propia en la boca del infierno, la más cercana a su portal.

Andrea e Isabelo se montan en un coche y se apresuran a seguir esa ruta, subiendo la sierra, con Tábara en el horizonte, a la búsqueda de Daniel y Eugenio. El sudor empapa sus ropas y el volante arde, la chapa exterior escalda la piel. La joven se apea y grita, grita hasta la afonía. Nada. El asedio de las llamas se agudiza y deben recular sin precipitarse ladera abajo. El crepitar restalla en sus oídos y la atmósfera quema. Las minuciosas maniobras entre esa carretera angosta y sinuosa, muy pegada a abruptas pendientes, les permiten escapar y regresar a Sesnández sin noticias.

Mientras tanto, en Tábara, la Guardia Civil organiza autobuses para sacar de allí a los mayores, enfermos o menores. María Jesús y su madre se preparan para subirse a su propio automóvil cuando, antes de largarse, regresa su marido tras pegar la oreja en un bar de la plaza del pueblo.

—Oye, vamos, corre al centro médico que no sé qué ha pasado con tu tío Daniel.

El motor acelera. Casi de inmediato se plantan en el centro de salud de Tábara. Dentro, de espaldas y sentado en una silla de ruedas, encuentran al centenario Daniel. Apenas presenta un pequeño agujero en la camisa de manga corta que viste, como si una ceniza hubiera mordisqueado el tejido, como la herida sobre la piel causada por un cigarrillo encendido.

—¡Tío, qué tal!

—Yo bien, yo bien. Eugenio…

—¿Qué le pasa a Eugenio?

—Están ahí, en otra sala, curándole.

María Jesús intenta acercarse, pero no se lo permiten. «Mejor que no, mejor que no», le recomienda, prudente, su marido. Solo la mediación de una guardia civil de Tábara, amiga suya, la disuade de su empeño.

—«María Jesús, ¿el herido que hay ahí dentro es primo tuyo? Mira, yo no soy quién para quitártelo de ver, pero te voy a decir una cosa: a lo mejor es peor el remedio que la enfermedad» —me dijo—. A lo mejor no me quiso decir la verdad. Me dijo que le podía provocar una infección. Entonces yo ahí ya le dije que vale si es por el bien de él… Ya era de noche, muy bien no lo pude apreciar. Cuando lo sacaron con la camilla, lo sacaron todo tapado y lo único que le pude ver así un poco fue la cabeza. La verdad es que estaba negro.

Ese instante la paraliza y tarda unos segundos en imaginar cómo se sentirá su tío, de cien lúcidos años, si ha visto lo que ella acaba de presenciar.

—Cuando íbamos con él a Zamora y me lo llevaba al piso de mi sobrina, me iba contando todo lo ocurrido con pelos y señales. Yo le pedía que no me contara esas cosas. Tenía muy buena cabeza y estuvo toda la noche radiándome milimétricamente lo que había pasado y yo estaba poniéndome de los nervios, eran como las once y media. Pasamos toda la noche en vela, en casa de mi sobrina de Zamora, esperando noticias de mi primo.

El testimonio de Daniel reconstruye el viaje en coche por la sierra de padre e hijo: la densa humareda les impidió ver el fuego de la sierra. Una vez dentro, Eugenio trató de darse la vuelta antes de verse envueltos por las llamas, pero el fuego se adentró en el automóvil por el maletero. Eugenio ya estaba gravemente quemado cuando le quitó el cinturón de seguridad a su padre y los dos iniciaron una marcha a pie mientras a ambos lados de su evasión crecían las llamas. «Ay, hija, si es que íbamos corriendo hacia el pueblo otra vez por la carretera, estaban las dos cunetas ardiendo a un lado y a otro por los laterales, todo ardiendo. Fuimos corriendo por la carretera». Cuando no pueden más, se sientan en los guardarraíles unos segundos para domar un poco la agitada respiración. En cuanto perciben la amenaza de nuevo, se levantan y reanudan la caminata, una travesía penosa de unos veinte minutos. El anciano le relató a su sobrina que ya entonces se percató de las tremendas quemaduras de los brazos de Eugenio, prácticamente en carne viva, al igual que el cuero cabelludo.

La pareja lastimada baja a Sesnández cuando unos bomberos, ya lejos de ese punto crítico, los montan en su vehículo y los acercan al centro médico donde María Jesús vio fugazmente a su primo. Según Daniel, ni en el tramo de escapatoria ni en la posterior llegada a Tábara su hijo profiere la más mínima queja. Quizá, pese a que el 85 % de su cuerpo había ardido, la adrenalina le impide sentir su propio dolor más allá de la alarma por salvar a su padre, empresa que, pese a todo, consiguió.

Las primeras atenciones en Tábara son insuficientes. Los sanitarios declinan trasladarlo al Hospital de Zamora por la falta de medios para atender a una persona con tan graves quemaduras. Posteriormente, la UVI móvil lo transporta al Hospital de Salamanca, a una hora y cuarto de distancia. Tampoco pueden hacer nada con él, comunican a la familia. Una sobrina de Eugenio trabaja en el Hospital de Getafe (Madrid) y la familia logra que, tras estabilizarlo, lo deriven ahí en helicóptero.

Los médicos le aplican un tratamiento duro pero inevitable en casos así: el lijado. El paciente es introducido en una especie de bañera para raspar toda la piel, esa especie de lijado para quitar todas esas capas chamuscadas y muertas y tratar de regenerar sobre tejidos sanos.

—Tenía que estar casi flotando, vendado como una momia totalmente. Cada día le tenían que quitar el vendaje y curarlo. A lo mejor pasaban entre cuatro o cinco horas cada vez que le quitaban las vendas. Incluso hablaba un poco.

Un resquicio de ilusión asomó en la familia cuando al principio del ingreso hospitalario hubo un amago de recuperación, pero pronto cesó la fe y hasta la sobrina, enfermera, de las pocas con acceso al hombre, asume las inminentes malas noticias. Eugenio Ratón muere en Getafe el 16 de agosto, casi un mes después de haber sido ingresado, sin que tanto mimo sanitario logre rescatarlo de las heridas del fuego.

—Mi primo tenía el 85 % del cuerpo quemado, murió por salvar a su padre —dice María Jesús.

El comandante Juan Manuel Vicente participa en el grupo de la Guardia Civil encargado de acudir a ese punto de la carretera donde ha ardido el coche de los Ratón. Los uniformados, una vez el fuego se ha cebado con esos rincones y proseguido su ruta monte abajo, dirección Tábara, analizan los restos del coche. Las llantas se han derretido y yacen, fundidas, sobre el pavimento, también dañado por los efectos del altísimo calor acumulado cuando Eugenio y Daniel se vieron acorralados: se ha hundido unos diez centímetros. La posición del coche, girado hacia un lado, como si el piloto hubiera intentado en vano virarlo 180 grados para regresar en dirección contraria, les ayuda a reconstruir el escenario. Que el anciano apenas experimentase quemaduras, más allá de los problemas respiratorios de tragar humo, contrasta con la ingente cantidad de piel abrasada en el caso de su hijo.

Los agentes encuentran una pequeña cajita de latón, como de chapa. El comandante procede a su apertura e inmediatamente ordena a los suyos en voz muy baja:

—Atrás, atrás, atrás.

Su equipo no comprende nada. Parece como si hubiera un detonador o un explosivo capaz de estallar súbitamente. Pero no es eso. El jefe, una vez que se encuentran todos a una distancia prudencial, les revela el contenido del cofre: dentro había decenas de billetes, los ahorros que Daniel custodia en su casa de Sesnández y que, haciendo caso a su sobrina, ha llevado consigo, junto a los medicamentos y los recuerdos más valiosos.

—No era muchísimo dinero, eran como 2000 o 3000 euros, pero lo más llamativo es que los billetes estaban como hervidos, por eso mandé atrás a los agentes. El metal había aguantado tanto calor que los billetes parecían intactos, pero en realidad cualquier mínimo soplido o gota de aire los hubiera hecho volar en cenizas. Es como cuando se lanza un periódico completo a una chimenea: la llama es enorme y cuando se quema parece que sigue más o menos bien, pero en cuanto lo tocas con un palo se volatiliza. Buffffff.

El jefe del Servicio de Protección de la Naturaleza de la Guardia Civil (SEPRONA), tras susurrar como lo hiciera con sus subordinados, sopla en la Consejería de Medio Ambiente para ilustrar lo que hubiera pasado con ese dinero de no obrar con delicadeza: cenizas volando.

3. VÍCTOR RATÓN Y JOSEBA ALDAY

El 17 de julio de 2022, Víctor Ratón —sin ninguna conexión familiar con Eugenio y Daniel— juega con sus hijos de cuatro y nueve años en la piscina de la finca de sus padres en Zamora. Domingo de libranza. Hasta que recibe un telefonazo.

—Tu pueblo no se libra. Tenemos ya un fallecido.

Víctor ofrece sus servicios, deja a los peques en casa, se despide de su pareja y recorre rápidamente los sesenta kilómetros hasta el oeste zamorano. Aquella noche su coche oficial cubrirá doscientos kilómetros entre caminos de tierra y pavimentos con cunetas inflamadas: afortunadamente existe la sana práctica en el cuerpo de dejar el depósito lleno antes de que otro compañero se suba a bordo.

Nada más llegar a su pueblo ve que el pajar de su familia, donde almacenaban madera, ha sido alcanzado por el fuego. El cobertizo linda con una vivienda y los bomberos avisan de que deben derrumbarlo para impedir que las lenguas se propaguen hacia el centro. Víctor, vestido con el uniforme de la comandancia de Fonfría, se apresura entre las estrechas calles. Apenas quedan veintiséis vecinos, que se niegan a irse.

—¿Qué vienes, a echarnos? —le espetan unos conocidos cuando se percatan de un traje oficial entre la neblina.

Enseguida descubren a su amigo, templando ánimos para coordinar la actuación.

—Vengo a echaros una mano —matiza.

El agente recibe el encargo de recolectar las medicinas de los ancianos evacuados. Los presentes le dan la lista de pastillas correspondientes y él entra en las casas abiertas (gloriosa costumbre rural).

Apenas han pasado dos horas desde la muerte del bombero Daniel Gullón cuando el 112 alerta de un joven ganadero mareado pidiendo auxilio en la zona de El Reguerico.

Joseba.

Tiene que ser Joseba.

Joseba Alday —pendiente en la oreja, ojos azules como tantos en esos lares y ninguna arruga— es el nuevo residente de Sesnández de Tábara.

Meses atrás, este joven vasco de ascendencia zamorana decidió abandonar Bilbao y volverse al pueblo de sus abuelos. Cambió su curro en una empresa de transportes por convertirse en su propio jefe y el de unas cuantas vacas. Tenía treinta y cinco años cuando tomó la decisión que cambió su destino, invirtió en ganado y se instaló en una vieja casa de la localidad de 150 habitantes. Atrás quedaron el estrés, el ruido, el tráfico, la contaminación, las prisas, las aglomeraciones, las grandes distancias, los jefes gritones. También los planes sociales, los garitos, las chavalas, los colegas, los *pintxopotes*, el bullicio, el jaleo que tanto disfruta un treintañero.

A veces, Joseba siente nostalgia de Bilbao, principalmente por el envejecimiento de su círculo social, pero no se arrepiente: Joseba se maneja bien con pensionistas y octogenarias. Solo se lamenta cuando un imprevisto en el campo, algo común en la profesión, retrasa o anula los planes. La vivienda arrendada le cuesta 150 euros al mes e incluye un huerto donde cultiva unos tomates sabrosísimos, fuente de vitaminas, entretenimiento y alimento para meses: los excedentes sirven para cocinar salsa de tomate, embotarla y disfrutarla posteriormente o para agasajar a las visitas. El tiempo libre lo dedica a divertirse con tres gatos adoptados cuando cabían en la palma de la mano. Los estados de WhatsApp difunden públicamente las andanzas de esas decenas de vacas de distintos colores y mismo apetito, indiferentes cuando las graba engullendo el pasto, mermando bocado a bocado el medio metro de altura de algunas de las brozas, futuro combustible cuando el sol apriete. Vaya disgustos se lleva, no obstante, cuando enferma y muere un ternero. También graba, cuando hay suerte, a lobos, ciervos y jabalíes.

Ante la alarma del incendio, Joseba reacciona yendo primero a casa de sus abuelos para asegurarse de que estén bien atendidos y después al campo donde pastan sus vacas. El humo le mina la respiración y lo desnorta. De pronto, el pánico.

Víctor ha escuchado el aviso del 112 y, a diferencia de otros agentes no oriundos de la comarca, él sí sabe localizar El Reguerico en un mapa. Sin embargo, las referencias de árboles, puentes de hormigón, cuestas o cabañas pierden sentido en mitad de la humareda. Las enseñanzas de su tío Pepe, conductor jubilado de vehículos de bombero, resultan indispensables para moverse con acierto por el mapa imaginario. Víctor logra localizar a Joseba.

—Era el infierno. Tenía la camiseta blanca, pero la cara aún más blanca, con unas ojeras brutales. Lo reconocí y le di dos botellas de agua de litro y medio. Una se la bebió del tirón y la otra se la echó por encima.

Joseba resucita temporalmente. El líquido engrasa su mente y su cuerpo se reactiva. Entre ambos y los perros pastores tratan de mover al ganado, asustado e inmóvil, sin lograrlo. Todo es fuego.

Víctor comete el primer error: el agente, demandado de nuevo por la centralita porque hay otra persona desaparecida, acepta que Joseba se quede con sus reses y se encargue de trasladarlas a prados más seguros. Le da unas mascarillas para enfrentarse al humo, y Víctor parte, pasada la medianoche, en busca de otro viejo conocido: Antonio Andrés, Antonino para los amigos, también pastor.

(Los vívidos recuerdos de aquella noche quiebran la entereza de Víctor Ratón. Reconstruir aquellos pasos con la cabeza fría le hace barruntar errores y decisiones inapropiadas. Ahora es fácil acertar, a la sombra de las encinas o paseando entre enormes aperos oxidados y olvidados).

Víctor pasa una hora dando vueltas en busca de Antonio, escudriñando la penumbra, pegando voces, llamando a sus familiares por si tienen constancia de él. Meses después sabrá que Antonio visionó las luces rotativas del vehículo oficial rompiendo la densidad del humo, pero se escondió para sortear al agente y evitar la probable orden de dejar atrás al rebaño y guarecerse. El astuto zamorano movió a las ovejas hacia un terreno labrado y allí confió en que las llamas no les acecharían. Acertó. Nadie mejor que él sabía protegerse en esas circunstancias. Víctor comenta estos hechos con naturalidad y algo de frustración, comprensivo pero fastidiado por la pérdida de energía y minutos.

La centralita comunica la aparición de Antonino, sin riesgo alguno. Su siguiente misión, volver a las carreteras para coordinar evacuaciones e impedir el paso a los coches. Allí se acumula la gente, impotente, en busca de información y de conversación ante el horror.

Dos horas después de despedirse de su salvador, una súbita lengua ardiente le corta a Joseba cualquier margen de huida.

Ocurre entonces un pequeño milagro: a pesar de que muchos postes de telecomunicaciones han sido derribados, logra contactar con la centralita de emergencias. Pide ayuda. Cuelga. Cara o cruz.

Víctor Ratón escucha la comunicación del 112.

—No irás, ¿no? —le preguntan los vecinos desplazados.

Sí va. El agente se tapa la boca y la nariz con una mascarilla, enciende el rotativo luminoso y bucea entre la espesa atmósfera. La negrura impide cualquier visibilidad y la intuición falla ante los efectos del dióxido de carbono y el cansancio físico. El automóvil rueda por los caminos cuando, de la nada, su vista recae en lo que parece la pantalla de un solitario móvil en la penumbra de un concierto. Víctor conduce hasta allí. Aquella aparentemente tímida iluminación son en realidad los potentes focos del desvencijado todoterreno del ganadero. Bingo.

—¡Guardia Civil, Guardia Civil! ¿Joseba?

—¡Aquí!

El agente se mueve, pero no da con él.

—¡Que es aquí, cabrón!

Por fin lo encuentra, pero entonces cometen el segundo error.

—Qué gilipollez —reconoce el uniformado.

De nuevo la empatía lo traiciona. Deben escapar y dejar todo atrás, incluso las queridas vacas de Joseba, pero se obcecan en salvar el todoterreno. Pese a su evidente agotamiento, Joseba conduce detrás del vehículo oficial. El termómetro del primer coche del convoy marca cuarenta y siete grados pasadas las tres de la mañana mientras surcan las pistas de tierra con fuego alrededor y llamas en las cunetas y en las copas de los árboles. Víctor apenas alcanza los cincuenta kilómetros por hora y el viento proyecta el fuego a mayor velocidad, pero el retrovisor refleja a un Joseba a cada instante más retardado, macilento, casi desmayado sobre el timón de su barco a la deriva en un océano de fuego.

El agente mira de nuevo adelante y, donde hace unos segundos había una vía relativamente despejada, ahora ve un latigazo ardiente atravesando el camino. El fuego está casi encima del coche. De nuevo vuelve la mirada y el corazón multiplica todavía más sus pulsaciones. La última estampa de Joseba es la cabeza del piloto yaciendo sobre el volante. El coche se ha detenido y apenas unos metros lo separan de las llamas.

—Creí que había fallecido.

Víctor intenta sortear los obstáculos, medio cegado, cuando el mundo se detiene. El coche se queda atrancado en una cuneta. La rueda izquierda trasera no logra salir del hoyo. El vehículo no es 4x4. El conductor aprieta y aprieta el acelerador y la marcha atrás, pero no sale.

—Pensé que se había acabado todo.

Resulta duro escuchar a una persona expresar lo que se siente al asumir la muerte inminente. Las lágrimas resbalan por las mejillas de Víctor cuando explica ese extraño momento de lucidez entre el caos.

—Cuando no hay nada más que hacer me quito las gafas y las dejo en el salpicadero. Se había acabado todo. Me despedí de mi mujer, Ana. De mis hijos, de Inés y de César, del pequeño apenas había podido disfrutar. Sentí paz, me quedé a gusto por haber hecho todo lo posible. Se me pasaron por delante fotogramas de la boda y los bautizos, de haber jugado con los niños unas horas antes en la piscina.

Difícil precisar si toda esta secuencia duró tres segundos o tres minutos. Nadie lo sabe y nadie se acuerda. En ese momento él cree que intercede la Virgen del Pilar. Un milagro divino o mecánico hace que, tras una última intentona, la rueda cautiva logre volver a su posición. El chute de adrenalina despierta a Víctor de sus plegarias y aprieta el claxon a rabiar, enciende la sirena en busca de estímulo sonoro, abre la puerta del coche y corre hacia Joseba, desfallecido unos metros más atrás. Aún recuerda los ojos rojos del vasco despertándose del letargo. Están vivos y esa inyección de ánimos les permite arrancar por última vez y encaminarse hacia lo conocido, hacia esa carretera ansiada por Víctor como sinónimo de salvación.

Al fondo, por fin, otro rotativo. Llegan, exhaustos. El agente se apea y, con sus últimas fuerzas, abre la puerta de Joseba. Este se baja, tembloroso, y vomita todo lo que lleva dentro menos el miedo. Nadie sospecha que estas dos personas han salido del infierno. Joseba, que no recuerda casi nada de aquellos momentos, es trasladado inmediatamente a dependencias médicas para ponerle oxígeno.

El guardia civil se queda con sus colegas, aún revolucionado, aún sin palabras. Al poco rato, se personan unos bomberos que han contemplado el intento de huida desde lo alto hasta que la humareda les impide vislumbrar el desenlace de la secuencia. De hecho, confiesan, han bajado hasta ese punto para avisar de dónde estarían más o menos los cadáveres.

Sus compañeros le ofrecen oxígeno y marchar a casa, pero en él bullen tantas emociones que declina y pide reincorporarse al dispositivo y colaborar en la evacuación del cercano Abejera. Hay un momento en el que su mente sí empieza a desperezarse y a mandarle mensajes de todo lo experimentado. Las defensas se esfuman y, creyendo que nadie lo ve, Víctor Ratón se esconde detrás del pilón y rompe a llorar. Llora todos los miedos a no poder despedirse de su familia, llora el temor a dejar atrás a Joseba carbonizándose, llora por los males padecidos por su Sesnández de Tábara. Llora en el hombro de su superior, el compasivo comandante Tejada, hasta que se recompone.

4. MANOLO Y UNAI

La noche del 17 al 18 de julio se hace eterna. Lo que a medianoche parecía una lejana pero vastísima muralla ardiente se ha convertido rápidamente en un temor cercano rumbo al sur de Tábara. El viento sigue azotando y la temperatura no baja de los veinte grados nocturnos. Los hidroaviones no pueden volar por la escasa visibilidad.

La Guardia Civil toma carreteras y caminos para impedir el tráfico de quienes intentan huir o acercarse a sus naves o explotaciones ganaderas. Solo al enseñarles la acreditación de periodista y prometer no arriesgarme me permiten circular por un sendero de tierra. El tajo de grava remite a lomas desde donde observar la enorme altura y anchura de las llamas. La vista se pierde en estampas más propias de los telediarios cuando ocurren en Canadá, California o Chile. El frente ya ha destruido los alrededores de Losacio, Escober, Sesnández o Ferreruela, rumbo a Tábara.

La senda desemboca en una carretera asfaltada, cortada al tráfico y donde apenas se distingue la luz de un vehículo de bomberos entre la humareda. Arden las cunetas. Son casi las dos de la madrugada. Los trabajadores, con sus trajes reflectantes, confiesan malas sensaciones. El espectáculo resulta dolorosamente hipnótico hasta para ellos. La fogata emite un sonoro crepitar, como cuando en una barbacoa veraniega se lanzan pequeños palos, secos y apetecibles, a la hoguera.

La sensación de poderío se agiganta cuando, de repente, las chispas saltan a la corteza y las ramas bajas de un árbol cercano. El robusto ejemplar se convierte en una indefensa antorcha, en la lengua naranja de un enorme mechero. Pronto será negro y el naranja centelleará durante horas desde los restos ardientes de la madera, dispuesta a avivarse con cualquier ráfaga.

El temor a perder su forma de vida moviliza a Manolo y Unai García, padre e hijo de Tábara, donde la familia regenta una carnicería abastecida por el ganado que ellos mismos crían o compran a pastores cercanos. Pura economía circular. Han logrado sortear el dispositivo de la Guardia Civil para acercarse a una nave en los aledaños del pueblo, desde donde contemplan la magnitud de las llamas. Los García siguen un plan: el padre enciende el tractor y da vueltas a la explotación, labrando el terreno para establecer una primera contención, y Unai empapa con la manguera el techo y las pacas de paja, aunque confiesan que nada de esto servirá en absoluto si las pavesas incendiarias se cuelan desde el aire arrastradas por el viento.

Que sea lo que tenga que ser, pero ellos lo han dado todo, como acredita su suspiro al sentarse ante una segunda cena y ofrecer alimento al periodista. Son las cinco de la mañana y la adrenalina y la tensión mental impiden el cansancio. Circulan bocadillos de chorizo casero y de pechuga de pavo, zumo de naranja, agua. Un oasis entre el caos para charlar de cualquier cosa, de la carnicería o de los estudios, de política o de despoblación, como pretendiendo olvidar el desastre. La primera crónica para *El País* la escribo en el asiento del copiloto de mi coche, plantado junto a la furgoneta del carnicero, con la muralla naranja alumbrando detrás de la pantalla del portátil.

De repente, todo cambia.

—Esto viene, esto viene, mira cómo viene el viento.

A Manolo le cambia la cara. Las columnas empiezan a agitarse y se aprecia cómo ganan altura y vivacidad. Los árboles o zonas boscosas de la lejanía, a salvo hace unos minutos, empiezan a arder. Los resecos campos llanos comienzan a iluminarse tanto por el fulgor invasor como por las primeras luces del alba, revelando un manto negro sobre las hasta ayer amarillentas o verdes superficies. Desde el silo de Tábara, ahora en desuso y convertido en altísimo palacio para las palomas y las cigüeñas, se traga saliva: Tábara es la siguiente. Varios vecinos, ganaderos y guardias observan el escenario. Muy cerca se encuentra el cuartel de la Guardia Civil, desde donde se coordina el despliegue que impide salir hacia el carbonizado sur, y el centro de salud municipal, que da servicio a este y otros pueblos de la comarca. Allí han trasladado horas antes a Eugenio Ratón para una primera atención médica.

El parque infantil, con columpios, toboganes, balancines y una enorme estructura con forma de hormiga, se ha readaptado en un improvisado prado para decenas de cabras y ovejas de un ganadero que las ha estabulado allí mientras él usa su maquinaria para defender el pueblo. Detrás, el auditorio cultural Leticia Rosino, así llamado en memoria de la adolescente violada y asesinada por un menor en 2018 en la cercana Castrogonzalo.

A unos minutos a pie, la Consejería de Medio Ambiente de Castilla y León ha instalado su operativo en unos terrenos en las afueras de Tábara, entre el núcleo y una zona con algunas viviendas, talleres y una gasolinera. Allí se aposentan los enormes vehículos rojos de mando, desde donde los técnicos monitorizan con sus pantallas e información vía satélite la evolución del perímetro. Al lugar, normalmente pintiparado para fotos de políticos observando esos mapas como si también formaran parte de la unidad, no han acudido representantes públicos autonómicos, que fueron increpados después de los incendios del mes anterior. Ni rastro del presidente de la Junta, Alfonso Fernández Mañueco, ni del titular de Medio Ambiente, Juan Carlos Suárez-Quiñones.

Tampoco hay señales del regato del Correo, el arroyo que circula animado en invierno antes de desfallecer en verano. Los coches de la prensa abarrotan la explanada y un sinfín de cámaras graba la desesperación vecinal, el avance del peligro y las primeras explicaciones de los jefes de bomberos o de las autoridades. El convoy-cocina solidario de José Andrés reparte alimento e hidratación después de horas de frenesí a bomberos que pronto marcharán para el frente. Hay café, refrescos, fruta de todo tipo, ensaladas de pasta, empanadas, hornazo, churros y bocadillos. José Andrés ha empezado a prestar su ayuda humanitaria después de que se hayan viralizado en redes sociales las imágenes de los ínfimos emparedados que alimentan a los bomberos de Castilla y León. Porque la precariedad de este gremio también se nota en el estómago: la Consejería de Medio Ambiente acuerda con bares y restaurantes el suministro de bocadillos, fruta y agua, pero el servicio es deficiente en muchas ocasiones, tanto por la baja calidad de la comida como por la falta de coordinación y el escaso personal para repartir a tiempo el rancho. Los retenes a veces pierden cinco kilos en cada actuación, como en un extenuante partido de tenis o los pilotos de una carrera de Fórmula 1. Además de alimentarse con geles de cafeína y barritas energéticas que se traen de casa, más de una vez han tenido que coger sandías o uvas de los huertos porque sumaban más de diez horas sin comer.

El vendaval no amaina y las llamas siguen acercándose a Tábara. La nacional 631, con un carril en cada dirección, además de los arcenes, podría convertirse en un eficiente cortafuegos, pero los ochenta kilómetros por hora del viento empujan las chispas enloquecidas por encima del asfalto hacia la vegetación amarillenta. Una pequeña masa boscosa junto a «la general», como la siguen llamando los lugareños, a unos kilómetros del pueblo, arde en unos pocos minutos. Varios brigadistas salen de ese cuadrante, cabizbajos, agotados, inútiles ante esta brutalidad, rumbo a otros campos donde ni sus mangueras ni sus palas logran hacerle cosquillas al fuego. Van dieciocho horas sin descanso. Solo los hidroaviones, con sus potentes descargas, propician ventajas notables, siempre que el viento y la humareda permitan su despegue. Los batallones terrestres se encargan de rematarlo con las mangueras y extinguir los rescoldos con las palas y azadas. Poco pueden hacer debajo del suelo, con raíces aún asándose, acumulando enormes temperaturas, casi esperando a que una nueva ráfaga resucite los rescoldos.

5. VICTORIANO ANTÓN

El alba toma fuerza cuando Víctor Ratón recibe nuevos encargos. Hay un pastor desaparecido desde última hora del domingo. Se trata de Victoriano Antón, del contiguo Escober de Tábara, de quien nada se sabe. Víctor conduce hasta el pueblo y pregunta a otros pastores. Uno de ellos recomienda al agente dirigirse a los prados adonde suele acudir Victoriano en semanas calurosas como estas, a unos tres kilómetros del centro del pueblo y a medio camino con Sesnández. El guardia le ruega al pastor que le indique por los caminos de tierra, aún humeantes. La pareja improvisada avanza, cada uno en su coche, hasta que el lugareño se detiene, señala aproximadamente el lugar donde podría hallarse el desaparecido y se da la vuelta.

Las ovejas —apelotonadas, negras, con los ojos abiertos, la lengua fuera, las tripas chamuscadas, las pezuñas carbonizadas— parecen las figuras de un macabro belén navideño en pleno 18 de julio. Hay unos 200 ejemplares muertos. Las que no se abrasaron, murieron asfixiadas por el humo, que infla sus vientres, las hace reventar y aflorar sus intestinos. La pala de un tractor las amontonará, como en una pirámide funeraria; los buitres planearán atentos sobre el festín. Los amarillentos pastos, rebosantes de broza, matorral y zarzas, se han convertido en una parcela yerma con una paleta cromática dominada por el negro, los grises de las cenizas y el blanco del humo. Las ennegrecidas copas de árboles de unos doce metros de altura revelan la magnitud de aquellas llamas ansiosas.

El guardia civil camina entre las ovejas muertas hasta que ve, apoyada contra un murete, una figura humana. Por un momento piensa que está viva, que aún hay esperanza y que Victoriano no será la segunda víctima. El cuerpo, inmóvil, apenas muestra quemaduras: ha muerto víctima de la asfixia. Víctor observa entonces una escena extraña, fuera de lógica: un lobo —esos huidizos lobos, que te vigilan a ti sin que tú puedas verlos— pasa por delante de él y se dirige hacia la fuente donde aún mana algo de agua. Bebe hasta el hartazgo antes de volatilizarse.

Víctor da aviso al centro de control, regresa a Escober para citarse con la Policía Judicial, con Juanma Vicente al frente, y los guía al punto crítico. Después, mientras los especialistas inspeccionan, sale a buscar al forense y emprender una nueva ruta con desvíos y focos inesperados hasta regresar junto al cuerpo. Aprovecha los golpes fortuitos de cobertura para mensajearse con los evacuados y mandarles notas de audio de WhatsApp informándoles del buen estado de salud de quienes se quedaron en el pueblo. Los testimonios, recabados casi timbre por timbre, relajan por fin los nervios de quienes se temen lo peor.

El comandante Juanma Vicente recuerda así la escena:

—El hombre estaba sentado en el suelo, cuando estaba intentando sacar las ovejas había tanto humo que no ve nada, no ve nada, se acaba sentando y muere asfixiado. El fuego le pasa por encima y lo tuesta, no lo quema.

A su lado, tres perros inmóviles: mastines y careas, ejemplares de gran valor para el pastoreo y cuidado del ganado. Solo ha sobrevivido uno: Chispa.

—El perro pastor aún lo protegía y nos ladraba cuando fuimos a levantar el cadáver.

El jefe del SEPRONA imita el ladrido del perro y me enseña los dientes como se los mostró el animal.

—El perrito estaba entre sus piernas, tenía las patitas quemadas. Estaba defendiendo a su dueño y nos hacía frente, no era malo, estaba defendiendo a su amigo. Un pastor tiene una relación de amigo con sus perros, no de dueño. Pensábamos que estaba también muerto, pero cuando nos acercamos nos gruñía. «Venga, bonito, venga», le decía yo al perro.

Cuando el animal abandona las piernas de Victoriano, se aposta a unos metros, vigilando a quienes recaban los detalles de la muerte del ganadero. Los gruñidos se recrudecen cuando izan el cuerpo y lo trasladan al pueblo.

A las cuatro de la tarde ordenan a Víctor Ratón que se marche a casa. Bastante ha hecho.

—Yo solo tenía sed.

Víctor regresa a la comandancia de Fonfría y, con la misma ropa apestando a humo, sudor y miedo, se monta en su coche personal. La travesía a casa se le pasa volando, nada recuerda de ella, pero su mente rumia. ¿Cómo afrontar el regreso después de unas quince horas sin dar señales de vida y de habérsela jugado? La radio informa de ese segundo fallecimiento y Zamora y España conocen la magnitud del caso. Tiembla cuando aparca el coche y camina, trémulo, hacia el portal. La puerta se abre antes de aproximar la llave a la cerradura.

Los niños se abalanzan sobre él y las rodillas se vencen. Víctor se postra, abre los brazos y abre las compuertas de sus ojos para derramar sobre el pelo de sus hijos el amor y el dolor sentidos en aquellos instantes de paz atrapado en la cuneta. Su esposa intuye la odisea atravesada por su marido, arrodillado ante los niños.

—¿Qué ha pasado? —pregunta.

6. ÁNGEL MARTÍN

Tábara permanece en cuarentena. Una cúpula gris y naranja, plomiza y pesada, cubre la localidad. La garganta pica, los ojos escuecen y las fosas nasales se colapsan. La piel rezuma sudor. Nadie ha dormido. Hay demasiado trabajo y demasiados nervios. Los inquilinos de las casas pegadas a la gasolinera y a esos campos, así como los dueños de las empresas colindantes, han pasado la noche empapando sus techos con las mangueras de la huerta o usando sus tractores para levantar la tierra. Han pasado menos de veinticuatro horas desde el rayo y parece una eternidad.

El Alvia 4095 que cubre el trayecto Madrid-Ferrol queda suspendido el 18 de julio entre Zamora y Otero de Bodas. Los viajeros, estupefactos, de manga corta, con plan veraniego y aún con mascarillas en la boca, se inquietan porque la máquina no avanza. Desde las ventanas contemplan cómo el monte arde y a unas decenas de metros crecen lenguas más altas que los vagones. Las imágenes grabadas por los pasajeros se viralizan en redes sociales.

La nacional 631, posible vía para distribuir a los pasajeros por carretera, permanece inutilizada. El tendido de alta velocidad por donde circularían esos vagones se encuentra a apenas un par de kilómetros de Tábara y ejerce como cicatriz férrea respecto a la cara norte de la comarca, pero no servirá como cortafuegos.

El puesto de mando sigue analizando datos, imágenes de satélite y previsiones meteorológicas. Los técnicos se encierran en los camiones, observan los radares y diseñan planes tan bien intencionados como de compleja ejecución. Apenas han transcurrido unos minutos desde las tres de la tarde cuando no se puede negar la realidad: el horror merodea los umbrales de Tábara. El camino agrícola por donde pasean los ancianos cada tarde conduce hacia una nube negra. Los bomberos corren hacia aquello de donde todos los demás huyen, los terrenos se abrasan, los altos árboles se transforman en piras funerarias y las zarzamoras arden sin oposición. El viento desplaza la nube negra, sume la campa en la anarquía y hace temer que hasta el puesto de mando acabe quemándose. La rápida labor de las cuadrillas tapona esa vía, sin afección para casas y naves, pero la amenaza prosigue, solo que en otra dirección.

El peligro crece junto a un taller y varias viviendas pegadas a un campo de cultivo. El escenario se estrecha, como si los ojos solo pudieran mirar hacia adelante. Las ráfagas arrojan contra la piel, la ropa y el pelo las cenizas y pavesas ardientes. De entre los nubarrones emergen aviones amarillos vertiendo agua bendita, volando casi rasos, hiperactivos. Los vecinos aportan como pueden, empalmando una manguera vieja a un hidrante cercano. Desde ahí extienden la goma y arquean el chorro para ganar alcance sin exponerse todavía más. Una cosechadora pretende frenar los focos al cortar espigas, ya altas, para que no se prendan y desaten más barbarie.

La brigada voluntaria necesita ayuda. El tendido de manguera requiere manos y me acerco sin saber qué hacer.

—¡La manguera! —gritan.

Al agarrar la lanza, con la libreta bajo el brazo, constato el peso del aparato y la tensión que ejerce el chorro. La paupérrima goma pierde agua por varios agujeros y se forman charquitos donde menos falta hacen. Hay que remojar esa parcela. El frente se encuentra, en línea recta, a unas decenas de metros y no parece contenerse pese al hidroavión. De repente aparece una chica. Mariyer Vara, de veintiocho años y vecina de esas casas, acude desesperada con trapos para tapar la nariz y la boca, los entrega y se da la vuelta, corriendo, desencajada; el humo se nota y no se nota: se respira de fondo, pero no se es consciente hasta reparar en el paulatino mareo. Los trapos contribuyen modestamente como filtro. No se ve el cielo, solo una humareda gris y negra. Son las 15:53 del lunes 18 de julio. Las pavesas vuelan y se pegan al sudor de la piel.

—¡Fuera, fuera!

A apenas unos metros de esa primera línea de hogares y naves se levanta la gasolinera Cepsa. ¿Y si se fracasa y el fuego llega a los tanques de carburante? Es mejor no pensarlo y centrarse en la primera línea. De esa envolvente borrasca negra emerge un joven bombero, mareado, tambaleándose, con dificultades para caminar, como si sus botas pesaran una tonelada, como si en vez de tierra agrietada por la sequía chapotease por densos lodos. El pálido brigadista sufre un golpe de calor, como varios de sus compañeros durante esos días. Pongo su brazo derecho sobre mis hombros y lo agarro con la mano izquierda por la cintura. Solo así, balbuceando que necesita agua, logra caminar unos cuantos metros hasta alcanzar una casa, de paredes amarillas de ladrillo, donde una mujer con mascarilla le echa por encima de la cabeza un cubo salvador y él, con el traje medio quitado, dejando al aire un tatuaje de un bosque en el antebrazo derecho, por fin se despeja.

—¡Aaaaaah! —exclama, con la cabeza chorreando agua sobre el pecho descubierto. Le sale del alma. El tortazo líquido le permite recuperar color, boquear con ansia de oxígeno, tomarse unos segundos como pensando qué demonios ha pasado y regresar al operativo.

Las extensas mangueras profesionales se enganchan a las carrocetas y quienes las dominan se convierten, paso a paso metiéndose en el fuego, en figuritas minúsculas ante la altitud de las llamas. Los retenes se afanan y los espectadores, entre impotentes e hiperactivos, se incorporan al contingente. Otro voluntario, Víctor Ballestero, se ha puesto un antiguo traje de bombero que conservó de cuando fue brigadista hace unos veranos.

—¡Llevo desde las siete de la mañana trabajando, he dormido dos horas y no sé ni lo que necesito!

Solo cuando los hidroaviones vuelcan su carga se disfruta de un furtivo frescor, una ducha rápida que libera por unos instantes el ardor de los ojos y las cenizas de la piel. El agua procede de los embalses de Valparaíso o Ricobayo porque los hidroaviones necesitan grandes masas hídricas para abastecerse; a los helicópteros, sin embargo, les basta una piscina, un río o una balsa de riego. La mente desconecta y se alivia fugazmente, en una especie de desconexión. Por un momento no hay tragedia. No hay un frente ardiente a unos cuantos metros. No hay agotamiento ni falta de sueño. No escuece la garganta al tragar la escasa saliva que segrega la lengua, de trapo. No han muerto dos personas horas antes. No hay un cielo gris y naranja como una cúpula insalvable. El subconsciente trata de escapar mientras el cuerpo se atenaza al suelo. Dos segundos después se siente de nuevo la calefacción al máximo y se repiten las escenas de pánico junto a la tapia blanca que custodia el taller Lozano y Beato y la vivienda anexa de los vecinos. La parcela de la familia de Mariyer Vara apenas guarda unos metros de separación respecto a este terreno.

Desde lo alto del muro, subidos a una pila de neumáticos que de arder multiplicaría la catástrofe, los trabajadores del negocio exprimen sus finas mangueras.

Esta atalaya se convierte en una tribuna desde donde contemplar a Ángel Martín quemándose.

La mañana de su muerte, Ángel Martín toma café en el bar Galicia II. Allí comenta la progresión del incendio y reposta una dosis matinal de cafeína tras horas frenéticas. Él regenta una tienda de materiales para la construcción, en la otra cara del pueblo. Como tantos en la zona, posee maquinaria agrícola que traslada para levantar los terrenos y contener el fuego. Proteger el pueblo. Eso intenta, horas después, en su tractor y muy cerca de las llamas. La máquina se desvanece entre la humareda instantes antes de que, marcha atrás, Ángel trate de huir del abrazo incandescente. El vehículo se atasca. Desde la lejanía se intuye esta batalla entre la bruma negruzca y el fondo naranja sobre el amarillo del suelo. De repente, una figura humana irrumpe en el horizonte. Corre, corre todo lo que puede. Deja atrás la maquinaria. Corre campo través. La ropa se le ha quemado. Solo resisten las botas. El hombre que corre se estrella contra una valla. La red metálica lo apresa y queda arrinconado, ardiendo. Segundos eternos hasta que un buen amigo, hijo del propietario del taller, logra alcanzarlo, desprender su cuerpo de la valla y trasladarlo a una casa. Jesús Ángel Tomás, alcalde de Pozuelo de Tábara, lo sube en su todoterreno y conduce volando hacia el centro de salud de Tábara en busca del milagro.

—El pobre estaba sin piel por todo el cuerpo, pero estuvo consciente, hablando normal y corriente todo el tiempo. Jamás pensé que se iba a morir. Solo repetía: «Anabel, Anabel, qué disgusto le voy a dar a mi mujer. ¿Por qué me metería?».

Del centro de salud de Tábara es trasladado al hospital de Valladolid, con graves quemaduras de segundo y tercer grado.

En las horas después del suceso, los medios de comunicación y las redes sociales difunden el vídeo y las imágenes donde se ve a Ángel corriendo entre las llamas. La secuencia impacta a la audiencia por unas horas antes de ser olvidada entre el carrusel de fatalidades bombardeadas desde el televisor o en las redes.

Ángel Martín, que había regresado a vivir a su pueblo después de años trabajando en Bilbao, padre de una adolescente, muere el 25 de octubre de 2022 en el hospital.

7. EMILIO FRAILE

Los grandes medios internacionales reprodujeron en sus portadas y en sus redes sociales del 18 de julio de 2022 la foto de un bombero llorando que abría la portada de *La Opinión de Zamora*. La firma el fotógrafo zamorano Emilio Fraile, trabajador entonces de ese diario, colaborador de la agencia Europa Press y fundador del medio independiente *Enfoque Zamora*.

La mano derecha del bombero, de muñeca adornada con dos pulseras, sostiene la frente agachada hacia el suelo, incapaz de alzar la mirada. Las lágrimas recorren su rostro hasta perderse en la barba que puebla sus mejillas y barbilla. El traje amarillo con bandas fluorescentes pierde brillo debido a la ceniza. El hombre, joven, alto, fuerte, pelea para mantenerse en pie. A su espalda, como en una dimensión paralela ahora indiferente, el infierno. A unos metros, dos todoterrenos blancos del retén, el más cercano con las puertas abiertas porque no hay tiempo para cerrarlas. En segundo plano, hormiguitas difuminadas, varios compañeros junto a algunos civiles ante un árbol con humo a ras del suelo.

No se aprecia directamente el fuego porque la masa negra, gris y naranja que este levanta impide discernir qué hay detrás del telón que ocupa más de la mitad de la estampa. Delante, simplemente, dolor. Emilio Fraile ha expandido por el mundo la cara de un bombero a quien se le ha muerto un compañero en horario de trabajo.

Humo.

Humo, a ojo de buen cubero, por el oeste de la provincia. El fotógrafo de *La Opinión de Zamora* Emilio Fraile comienza la perezosa tarde del domingo 17 de julio relajándose en la piscina de un colega, en Palacios de Pan, cerca de Zamora capital. Las volutas se perciben desde la carretera cuando el fotógrafo, luciendo una de sus pintorescas camisas veraniegas y un no menos exótico bañador, se dirige en coche poco después hacia la ciudad para realizar unas fotos de una misa. Emilio advierte a la redacción del posible incendio y se desvía hacia allá. En ningún caso se imagina que acabe siendo aún más grave que el fuego de hace apenas un mes, el primero de la sierra de la Culebra. El fotorreportero sonríe irónicamente al recordar cuando en bodas y encuentros sociales previos juraba que jamás volvería a vivir algo así.

El coche se encamina por las estrechas carreteras rumbo a la columna negra. Media hora tarda en apreciar los primeros estragos: al norte de Losacio las chispas saltan de planta en planta y de cuneta en cuneta. Emilio toma unas imágenes y graba unos vídeos de los flancos engordando según degluten altos árboles y amplios matorrales. Cada minuto parado supone cederle margen al fuego y sirve para asombrarse por la velocidad del mismo, desbordándose por praderas amarillentas inmediatamente ennegrecidas. La ruta continúa hasta toparse con varias carrocetas de bomberos. La Guardia Civil le advierte sobre la imposibilidad de conducir por allí y le recomienda desviarse hacia Ferreruela.

Hunde el acelerador para arañar segundos al paso del fuego. Veinte minutos después, llega al pueblo, a una báscula situada en el exterior. Su compañera Andrea Blanco le recomienda aparcar en esa zona y le exige, aterrorizada, precaución. Ella misma ha surcado esas carreteras unos instantes

antes y posteriormente padecerá por el destino de Eugenio y Daniel Ratón. Desde ahí se fija el primer objetivo. A unos 400 metros, distancia que posteriormente calculó mediante Google Maps, hay una balsa donde unos helicópteros se detienen para recargar. Al lado, los raíles del tren. El fotógrafo elabora una composición mental distinta a la imagen habitual: decide subirse a los raíles y, desde las alturas, tener debajo de él a los aparatos abrevando con un fondo de incipiente humareda y una lengua rojiza yendo de derecha a izquierda rumbo a Tábara.

Clic, clic, clic, clic.

Clic.

Los primeros disparos los hace la cámara. El siguiente, su cabeza.

—De repente da la sensación de que el humo se nos cae encima y yo veo que está pasando algo. Fue casi instintivo, la cabeza me pidió salir corriendo. Es como que el fuego lo empieza a invadir todo, yo corría al máximo, pero me daba la sensación de no avanzar nada. Yo corría, yo corría, yo corría. No avanzaba, no avanzaba, no avanzaba. Fue allí, entre el tercer y cuarto molino.

Todo encaja. Esta secuencia se corresponde en tiempo y prácticamente en lugar con el salvaje cambio de viento donde quedó atrapado Daniel Gullón junto a su retén cuando operaban bajo la sombra de las palas eólicas. Bajo esas colinas empedradas, una persona esprinta. El sofoco físico y mental lo atenaza mientras huye en dirección a su vehículo. Lo hace con las manos aferrándose al bolsillo del dichoso bañador de rejilla, donde tintinean alegremente las llaves. Mejor no perderlas. La carrera se eterniza y una pregunta invade su cabeza. ¿Y si esta vez falla el contacto y me quedo tirado? Emilio teme por su vida. Mientras él cubre esos 400 metros, el flanco vuela unos 1400. Apenas unos cuantos pasos separan al fotógrafo del frente cuando por fin carbura el motor y puede regresar a la carretera hacia Ferreruela siguiendo a un convoy coordinado por la Guardia Civil.

Las habituales tiranteces entre autoridades e informadores se disipan aquellas jornadas de fuego, valora el fotorreportero, gracias a la colaboración de los agentes y sus buenas maneras para tratar con los plumillas. Además de permitir trabajar, quizá incluso salvaron vidas. El corazón aminora su traqueteo a medida que la brecha naranja se pierde por el retrovisor y el conductor hace balance. Así descubre qué es eso de verse ante la muerte.

—Hubo algo que me dije: «¡Me cago en Dios, corre, corre, corre, corre!». Yo no sé explicar si de verdad se estaba cayendo la nube de humo, pero yo veía que no me daban las piernas, dentro de mí sabía que podía correr más rápido, me daba la sensación de que estaba corriendo muy lento. Notaba el agobio al respirar, pero no era por el humo, sino por el miedo de decir, de verdad, aquí nos hemos quedado, o sea, estamos muy cerca de que se líe.

El torrente de adrenalina manipula a Emilio como un títere de barraca. Coge el móvil. No recuerda qué audios de WhatsApp manda informando del peligro, pero sí las reacciones. Su jefa de *La Opinión* casi implorándole que saliera de ahí, que lo quería mucho tanto a él como a su familia. Responsables de Europa Press alarmadas por sus palabras y tono. Compañeros casi infartados temiendo por su amigo. El teléfono suena y las notificaciones saltan en las islas de línea furtiva.

El fotógrafo se planta en Ferreruela, el pavimentado Ferreruela, algo más tranquilo porque el fuego no debería extenderse sobre el hormigón. Entonces comienza una nueva fase de la cobertura, captar a los vecinos portando calderos y ordeñando mangueras para impedir que se les quemen la casa o los patios, pues las chispas caen del cielo y prenden sin miramientos.

Clic, clic, clic, clic.

Por la pantalla van desfilando escenas pintorescas, con mayores y jóvenes entremezclados con los bomberos para trazar muros contra la bestia. Apenas hay percepción de la profundidad del paisaje porque el manto negro lo tapa todo. Emilio se multiplica escudriñando tras el visor hasta que el contexto le exige bajar la cámara y arrimar el hombro: a un hombre se le quema la parcela de la casa y entre ambos logran apagar esos rescoldos amenazadores. Como premio, un trago de agua, ambrosía para el árido gaznate. El reportero gráfico rodea por un caseto bajando hacia cotas inferiores del pueblo en busca de nuevas perspectivas cuando, al girarse, lo ve.

El bombero llorando.

El primer pulso entre el Emilio fotógrafo y el Emilio humano lo gana la profesión. La cámara retrata la escena desde distintos planos, con diversos enfoques y ángulos, sin que el protagonista se mueva o preste oposición.

—El chico estaba llorando. Yo no me ando con hostias y llegué, me agaché, foto, foto, foto. Estoy igual un minuto y él me dice: «Saca, saca, que esto no puede ser». En ese momento yo no sabía nada del bombero muerto. Le digo que tranquilo, que es normal, que han conseguido salvar al pueblo, que menuda tensión… y como que se me abraza un poco, como que se apoya en mí.

La tregua dura poco. Cada cual regresa a sus responsabilidades y el autor de la fotografía pone proa al Ayuntamiento de Ferreruela.

Por el camino una señora le confía un rumor: «Oye, ¿has oído que se ha muerto un bombero?».

—Yo creía que era como el teléfono escacharrado, que empiezan a decirse cosas y acaba siendo todo lo contrario.

La plaza Mayor parece un punto de avituallamiento humanitario en una zona bélica: los hosteleros y los vecinos acumulan agua, refrescos, fruta y alimentos para los desfallecidos bomberos y todo aquel necesitado. Emilio se hidrata y prosigue su camino hasta encontrarse con una patrulla de la Guardia Civil. Bajan la ventanilla y el fotógrafo les pregunta si es verdad que ha muerto un bombero: «Es verdad, de allí venimos».

Los agentes le señalan el punto crítico entre el tercer y el cuarto molino. El punto donde el cielo se desplomó sobre sus cabezas, donde la ola de humo y fuego cercenó la vida de Daniel.

—En ese momento, no sé si influyó todo lo que había vivido desde la tarde, me puse a llorar.

El estrés lo zarandea y por sus ojos escapan las emociones contenidas. La rabia de un año malo por diversos factores personales se enlaza con el pavor de la escapada vivida a velocidad de tortuga en bañador.

—Tenía como una rabia dentro, o sea, como una sensación de… qué cojones, cómo puede estar pasando esto otra vez, un mes después del primer fuego. Me dio como un berrinche, no sé si de la tensión acumulada, porque normalmente cuando voy a cosas de estas siempre las veo desde el punto de vista de la cámara. Siempre llevas una cámara delante, que parece que te separa un poco de lo otro, como que pones un escudo en medio. No sé si ese escudo después de tantos días con el incendio anterior y de haber pasado ese momento de miedo se había roto un poco.

El berrinche, la pataleta, el enojo se escuchan por entre las calles semivacías del municipio. ¿Cómo puede estar pasando esto, qué más tiene que pasar para que alguien se ponga las pilas? Emilio busca culpables sobre quienes volcar su indignación y entre balbuceos logra comunicarse con el periódico, comunicar el deceso y que él se encuentra bien. El contexto exige domar las emociones y seguir trabajando y ayudando cuando proceda. Una de las protagonistas retratada por su cámara es una mujer mayor, cercada por la humareda.

La anciana se protege con una mascarilla y se resiste a salir de su hogar pese a las súplicas de su nieta y la atmósfera ardiente. El desconocido la informa de que debe marcharse, de que hay muertes que lamentar. Solo así la persuaden. El fotógrafo debe volver a la redacción para editar el material y calibrar lo presenciado. Sus compañeros Ana Arias, Diego Tabaco y Manuel Herrera han dado soporte y avanzado trabajo sucio para que solo sea necesario sentarse allí, respirar hondo y editar antes de mandar a imprenta el periódico del lunes y dar el primer golpe digital.

Lo último que ve el autor antes de dejar Ferreruela es al bombero de la fotografía, nuevamente abatido, sin dejar de llorar junto a los integrantes de otra carroceta. Emilio traga saliva. La afamada foto se selecciona para la portada del lunes y el equipo periodístico rápidamente se dirige al pabellón de Zamora donde se ha reubicado a los desalojados.

Al verlos, la furia se apodera de él y debe salir del polideportivo y recibir el consuelo de sus colegas. Se supera la medianoche cuando la comitiva para en Andavías, pueblo de Emilio, para atizarse unos bocadillos preparados por la madre de este y tomar fuerzas para seguir informando. Los periodistas escribieron y fotografiaron la evacuación de Carbajales de Alba y, casi al alba, volvieron a sus casas. Ahí no terminó la cobertura. El relumbrón de portadas en grandes cabeceras de pedigrí internacional, con la foto del bombero llorando, escondía un trasfondo solo conocido por quien lo padeció. Los traumas. Emilio no vivía aún con su novia, pero sí dormían juntos con frecuencia. Ella era quien lo agarraba suavemente de la mano cuando lo encontraba sonámbulo, asomado a las claraboyas de la azotea que compartían, mirando sin ver.

—Mira, Rut, Rut, hay fuego, hay fuego —mascullaba Emilio señalando la catedral de Zamora, erguida sobre el caudaloso río Duero.

La sensación de angustia y tensión se reprodujo pocos días después. El viento empujó hacia Zamora, León o Valladolid las cenizas acumuladas en la sierra de la Culebra y tiñó el cielo con un pantone gris aliado con el característico olor a destrucción. Emilio se sobresaltó durante unos minutos hasta que comprendió el fenómeno. No había peligro. Ni siquiera cuando se citó con su psicóloga lograba conectar dos frases seguidas. Lloraba sin parar. El berrinche lo acogotaba en una sensación que no ha terminado de olvidar.

—Todavía me dan escalofríos al acordarme de lo que pensé cuando cogí las llaves para intentar abrir el coche. Que no pase nada, que no pase nada, porque con cualquier cosa nos quedamos aquí. Nos quedamos aquí.

Clic.

8. 19 DE JULIO

El 19 de julio, Zamora se despierta de la pesadilla y toma conciencia de la envergadura del incendio. Sobre Valladolid, a unos 120 kilómetros en línea recta desde Losacio, se tiende un telón grisáceo que tapa los rayos del sol. Los coches se cubren de motas de ceniza. Los noticiarios nacionales e internacionales se hacen eco del desastre. La BBC me contacta tras visionar los vídeos y fotos que colgué en mi perfil de Twitter, @juan13navarro, y me piden entrar en la radio a las seis de la mañana. La entrevista transcurre en la habitación del hostal de Benavente, apestando a humo, donde he pasado la noche casi sin dormir.

Núcleos como Litos, Villanueva de las Peras, Bercianos de Valverde y Pueblica de Valverde experimentan las mismas sensaciones vividas en Sesnández o Escober. Las carreteras comarcales no logran servir de cortafuegos y los focos alcanzan las proximidades del río Tera, amenazando Pumarejo de Tera, Melgar de Tera, Olleros de Tera, Calzadilla de Tera o Santibáñez de Tera. En todos los lugares se repite la misma secuencia: cielos negros, filtros naranjas sobre el horizonte, olor inaguantable, evacuaciones forzosas, implicación vecinal, contingentes desbordados y mucho miedo.

Los propietarios de las parcelas particulares combaten como pueden, con sus medios caseros, la repentina intromisión del humo y las chispas. Luisa Martínez de Irujo Crespo Raybaud, hija de Ignacio Martínez de Irujo y Artazcoz y de Antonia Celina Florencia Crespo Raybaud, duques de Sotomayor, carga sofocada botellas de agua por su finca. El insigne apellido posee amplias extensiones en el oeste zamorano, muchas de ellas escasamente atendidas por sus dueños. La avanzadilla ardiente penetra por una zona descuidada y pronto se propaga sobre la maleza y chamusca árboles. La aristócrata y su marido, Jaime Ligués, se remangan junto a su guardés, Edmundo Iglesias, rellenando bidones, botellas y cubos de pintura vacíos. Un grifo de un merendero en desuso y plagado de telarañas escupe agua a borbotones tras mucho tiempo inactivo. El trío levanta la cabeza cuando mi coche aparca en su finca. Botella tras botella, cubo tras cubo, pisotón tras pisotón de las botas sobre las llamas, relatan que acaban de llegar de Madrid. Los rostros nobiliarios sudan mientras el mayoral, de ochenta y dos años, se desplaza ágil pese a su edad. Preocupado, cargando con una sulfatadora a rebosar, intenta apagar la amenaza. Chus, chus, chus, chus, suena cada disparo de agua.

Después del monstruo inflamado y de los fantasmas de la muerte de un compañero llegan las brujas. Los bomberos conocen así a los conatos de resurrección de los rescoldos aparentemente extinguidos. Pueden haber pasado los hidroaviones, sacudido las ascuas las palas, levantado la tierra las azadas y refrescado el lugar las mangueras que aun así persiste el riesgo de brujas. Las condiciones meteorológicas permanecen inamovibles: más de treinta grados, ventoleras de más de treinta kilómetros por hora y menos del treinta por ciento de humedad. Estos factores aprietan a los trabajadores forestales, nerviosos ante cualquier remolino.

La cercana comarca de Sanabria logra escaparse del fuego gracias al despliegue de efectivos de otras comunidades, incluido un potente refuerzo aéreo, y a la suerte: las llamas se frenaron en las zonas quemadas en el incendio de junio. A esa circunstancia se sumó otra clave: los tipos de suelo. Los parajes devastados coincidían con grandes masas arboladas y desatendidas; en cambio, cuando el frente salta la N-631 en dirección a Sanabria, recala en superficies cultivadas, sin combustible fácil.

—Ahí cambia la película porque los pinares del otro lado de la carretera pasan a ser tierras trabajadas, con entornos más fáciles para nosotros. Hay mayor discontinuidad, no te encuentras tantos pinares, esas masas continuas de la sierra o brezales donde hace años que no se entra. Eso hace mucho. La dirección por donde se propagó nos ayudó entre comillas, sumado al esfuerzo de la gente, medios aéreos y que hicimos contrafuegos en la nacional, en la vía del tren y en muchos caminos —dice el bombero Manuel.

El humo se disipa, el brillo naranja comienza a disminuir. Las pulsaciones se reducen en la noche del 19 de julio, los desalojados van regresando a sus hogares, se preparan los primeros balances económicos. Muchos confiesan haber perdido la noción del tiempo entre jornadas eternas acarreando cubos de agua o rastrillando terrenos. Otros han dormido aquí y allá, en domicilios familiares o en pabellones reconvertidos en campamentos para refugiados del fuego. La mayoría ni ha conciliado el sueño y apenas ha sesteado, presa de la tensión y la impotencia. Quienes han podido se han instalado en la seguridad de la ciudad de Zamora, sobre todo los más mayores. Aún pasarán varios días hasta su vuelta, con el aire aún cargado de olor a quemado.

El incendio forestal comenzado en Losacio el 17 de julio de 2022 pasa oficialmente de nivel 2 a nivel 1 el 22 de julio, viernes. El 3 de agosto se reduce a nivel 0, vigilancia de ascuas.

El 14 de agosto el fuego se da por controlado y el 31 del mismo mes, extinguido. Los trabajos se han prolongado durante cuarenta y cinco días.

Según datos de la Junta, han ardido 31 473.12 hectáreas, entre ellas un 37 % de «superficie forestal arbolada» y un 34 % de «superficie forestal desarbolada (matorral y monte bajo)». Dicho de otra manera: el 75 % del terreno quemado es masa forestal llena de sotobosque que ejerce de yesca y combustible. Solo un 4 % de la superficie calcinada corresponde a «pastos»: parcelas cuidadas o destinadas a la agricultura.

Si sumamos la superficie calcinada en el primer incendio del mes de junio, obtenemos otro dato: ha ardido el 6 % de la provincia de Zamora. Dicho de otro modo, la tierra chamuscada entre los dos incendios equivaldría a trazar una calzada carbonizada de un kilómetro de ancho entre Madrid y Barcelona.

Han muerto dos hombres y otros dos lo harán en los meses posteriores víctimas de quemaduras e intoxicaciones. Los suelos aún humean. Lo harán durante días. Las retinas se posan en ese mundo azabache, donde la oscuridad ha sustituido al verde y al amarillo. El silencio domina en los caminos y los pinares, en las calles y las pistas agropecuarias, en los valles y las peñas. El dolor late antes de sedimentarse en el estómago de quienes se han acostumbrado a tragarse las penas.

Acaba de comenzar una nueva era en la sierra de la Culebra.

LOS RESCOLDOS

—¿Por qué se actuó así?

1. EL REGRESO

La autovía, rodeada por extensiones de cereal abrasadas por el sol, se antoja eterna en el también tórrido verano de 2023. La meseta mece al conductor en esta etapa llana con la montaña leonesa al final de la planicie. El asfalto penetra entre los campos hasta que aparece la salida 255, el desvío hacia la N-631, elevado sobre un pequeño promontorio. Esta salida la usan tres tipos de personas: los residentes del oeste de Zamora (cada vez menos), los turistas rurales buscando la paz negada en la ciudad (cada vez más numerosos) o quienes retornan al pueblo de vacaciones.

La rotonda precede un horizonte ahora despejado, pero que en la medianoche del 17 al 18 de julio de 2022 mostraba una muralla anaranjada en la lejanía. Los generosos helechos y las jóvenes plantas verdes nacidas entre suelos azabache se entremezclan con latas de cerveza o refrescos abandonados en las cunetas y roídos por el fuego. El campo oscila su tonalidad en función del vigor de las amapolas, el desarrollo de los cultivos de secano, las precipitaciones recientes y el caprichoso saludo de las flores silvestres. A ambos lados de la nacional abundan las casas cerradas, símbolo de la crisis demográfica que envejece al campo y manda a las urbes a los pocos jóvenes de esas poblaciones ahora yermas.

La carretera prosigue entre pueblos con el apellido «de Tábara»: Moreruela, Escober, Ferreruela, Faramontanos o Sesnández. En junio de ese año se quemaron unas 25 000 hectáreas, preámbulo de las 31 473.12 devastadas pocas semanas después. Ardió sobre quemado en lo anímico y en lo literal: hubo frentes interrumpidos porque toparon con praderas abrasadas por el primero.

La comarca incluye una amplia extensión de características geográficas dispares. La Culebra serpentea desde la comarca de Sanabria, lindando al norte con Galicia, hasta latitudes más al sur como Tábara y Losacio. A Puebla de Sanabria, con su famoso lago como estandarte paisajístico, la separan unos noventa kilómetros de los campos de Losacio. Aquellos días hubo miedo de que, de árbol en árbol, la destrucción se cebara también con Sanabria.

Por Otero de Bodas, Litos, Ferreras de Arriba o Ferreras de Abajo circulan camiones cargados de troncos quemados descendiendo una y otra vez del monte. Los tocones suponen el último rastro de aquellos altísimos pinos engullidos por el fuego y cuyos cadáveres se trasladan en los camiones para vender la madera. Tanta madera podrida ha provocado plagas de insaciables insectos perforadores, atraídos por el festín: poco han tardado en colonizar ejemplares sanos y agrandar el daño medioambiental. Otra víctima indirecta son las carreteras que conectan estos municipios, llenas de baches, guijarros, grava e irregularidades causadas por los convoyes, cuyas enormes ruedas giran sobre algunas pintadas blancas insultando a la Junta de Castilla y León y a sus políticos. Parece una etapa ciclista de alta montaña donde en lugar de animar a los deportistas se les insulta. El pavimento de la ZA-P-2639, donde deposita la N-631 para encaminarse a Villardeciervos, refleja el enfado.

«Bienvenidos a la gestión de la Junta de Castilla y León. Gracias, bomberos», junto a un corazón dibujado sobre el asfalto.

«El hogar de la fauna calcinado y olvidado».

«Zampones».

«Zampones».

«Hijos de puta».

«José Ángel Arranz [director general de Patrimonio Natural y Política Forestal de Castilla y León] dimisión».

«Sierra D. E. P.», junto a una cruz.

«Zamora olvidada calcinada».

Con el paso de los meses, algunas inscripciones resisten; otras, como los insultos, las peticiones de dimisión y los contundentes «zampones» han sido parcheados con asfalto. Al final de la vía aparece Villardeciervos, epicentro y cobijo para los bomberos que al verano siguiente de la desgracia siguen faenando contra el fuego.

Dos personas se sientan en los bancos de la plaza Mayor de Losacio en una mañana cualquiera de marzo de 2024. Un señor entrado en años se aposta a la derecha y una mujer algo más joven se instala en la izquierda. Ella charla por el móvil y las palabras resuenan entre los muros del pueblo como un eco demencial, haciendo creer que hay más voces tras las puertas y ventanas clausuradas. Él se dedica al deporte de la contemplación, pensando en sus cosas, quizá con el oído atento al parlamento telefónico. Las miradas se levantan ante la presencia de un forastero, inusual en verano y prácticamente inédita durante el resto del año. Tal novedad provoca que el móvil pase de la oreja al refajo de la mujer, tras exhortar a su receptora a no colgar.

La intromisión podría haberse evitado rodeando el municipio, enclavado entre molinos eólicos, pero el periodista quiere pulsar el ambiente del pueblo donde comenzó el incendio más grande de la historia de España, bautizado por el topónimo del término municipal donde un rayo encendió la mecha del caos. Los presentes se interrumpen para acabar señalando prácticamente lo mismo, la misma dirección perceptible al buscar árboles negros: el norte. La descarga eléctrica cayó a medio camino entre esa plazoleta y la derruida estación de tren de Losacio, con doce kilómetros mediante. Los ferrocarriles siguen transitando sobre esos raíles, aunque el edificio de la vieja estación se haya arruinado, no por el fuego, sino por décadas de abandono.

Una tupida alfombra verde intenta camuflar, sin éxito, la mala salud vegetal colindante. Sobre ella permanecen tiesos cientos de árboles tostados, como postes dispuestos con cualquier propósito. Las cortezas se pelan como capas de piel muerta. Las protuberancias de la sierra exhiben las calvas formadas por las poderosas orugas mecánicas que extirpan árboles muertos. A lo lejos se avista el este de Ferreruela de Tábara, donde se produjo la primera de las cuatro muertes.

Apenas algún paseante aporta almas entre la quietud de Ferreruela. Desde la plaza del ayuntamiento, con algunos instrumentos de ejercicio para mayores acumulando óxido y telarañas, camino hacia la parte más elevada del pueblo, donde se erigen, en fila, cinco molinos gigantes. Esa energía eólica, tan valorada en la ciudad como discutida en las comarcas donde se produce: los molinos dejan un dinero importante al dueño de los terrenos (a veces, municipales), pero muchos vecinos se quejan de que el retorno en forma de empleo o rendimiento económico es escaso pese al daño paisajístico. Plas, plas, plas, plas. El sonido de las aspas evoca el paso de un caza, un ligero avión de guerra o un kamikaze tirándose sobre el enemigo a la velocidad del sonido. Los datos ofrecidos por la Agencia Estatal de Meteorología (AEMET) dictaminan que en Villardeciervos, a unos cuarenta kilómetros de distancia y en relativa planicie, el viento sopla ahora a veinte kilómetros por hora. El día crítico de 2022 alcanzó los cien kilómetros por hora en lugares elevados como este.

Entre la roca pura, el suelo árido y la arena de la pista sobresale una solitaria cruz de mármol. La pieza, al lado del camino entre el tercer y el cuarto molino contando desde Ferreruela, luce pura contra el cielo nuboso. Flanqueándola, sendas macetas de flores de plástico, que nunca se secan, una de ellas derribada por las rachas. Una peana negra alza el elegante bloque, acompañado con una placa dorada de letras blancas y el dibujo de un bombero con su buzo de trabajo. La silueta esgrime una manguera.

> En homenaje al compañero Daniel Gullón Vara, fallecido en acto de servicio en el incendio de Losacio el 17 de julio de 2022. Tus compañeros y amigos no te olvidaremos.

El nombre de la víctima sobresale tipográficamente sobre el resto del mensaje. Unos metros más abajo, en pendiente, hay una roca casi en forma de lápida. Clavada en ella, otro rótulo. Este, gris, presenta con letras oscuras el nombre de los caídos.

> En memoria de: Daniel Gullón. Victoriano Antón. Eugenio Ratón. Ángel Martín. Fallecidos en el incendio de Losacio.

Al conjunto lo rodean cuatro tiernos perales con yemas asomándose tímidamente entre las ramas. Sus flores primaverales darán color a un desierto solo moteado por lavanda, tomillo y romero. La obra lleva el sello de los bomberos, tan implicados en pedir justicia para el cuarteto como empeñados en salvaguardar su memoria. Su objetivo, convertir el enclave en una coqueta zona verde. Las mejoras las van financiando con sus propios ahorros y mediante aportaciones solidarias, venta de camisetas o pulseras reivindicativas, o actos coordinados con la asociación La Culebra no se Calla.

Hay que estar atento para no resbalar entre los pedruscos, tropezar con los traicioneros tocones chamuscados o caerse de morros sobre las tóxicas jaras moradas que, al arder, cuentan los bomberos, producen un terrible dolor de cabeza. En los alrededores crecen un puñado de plumas, esa especie de juncos tan inflamables.

Unos cien metros más abajo de ese primer homenaje se contempla una humilde cruz de madera. La traviesa vertical, vista desde abajo, casi coincide en proyección con uno de los molinos de viento. Un tupido ramo de plástico permanece atado al listón horizontal de la cruz, con otros dos en la base. Al lado, los rayos de sol refulgen sobre el amarillo y el plateado de los restos de una manta térmica utilizada para cubrir a las víctimas de emergencias. Alrededor, florecillas violetas. No hay ninguna inscripción ni ninguna alusión a Daniel Gullón, quien pereció allí mismo. Allí encontraron las tachuelas de las botas y la cremallera del traje.

Este paraje apenas presentaba masa forestal, ni valiosa ni poco valiosa, digna de especial dedicación. Tampoco hay casas o actividad humana en más de un kilómetro a la redonda. El incendio, de anchísimo perímetro, disponía de muchas otras vías para seguir arrasando la Culebra por mucho que se abortara esta. Cobra sentido el reproche aún sin respuesta de los compañeros de Daniel: ¿por qué se actuó así? ¿Por qué combatir aquí el fuego era «proteger el pueblo»? No se intuye respuesta coherente. El cortafuegos se ejecutó en un área ventosa, con fuego descontrolado y en crecimiento, con una escapatoria dificultosa, plagada de piedras, cuesta arriba y sin el doble surco del bulldozer. Los bomberos siguen demandando respuestas y responsabilidades por la muerte de Daniel Gullón, cuya cruz permanece orgullosa y solitaria entre el silencio y el eco de las aspas.

Plas, plas, plas, plas.

2. DANIEL GULLÓN Y LOS BOMBEROS

La base de los trabajadores forestales queda justo delante de un colegio de pocas aulas donde estudian cada vez menos chavales: esta comarca es el epicentro de la despoblación zamorana. El instituto cerró tiempo atrás.

Los compañeros levantaron una placa en homenaje a Daniel. El autor, del cercano Codesal, no quiso ver un duro. Un zorrete corretea por los alrededores, al igual que los frecuentes corzos que atraviesan carreteras y se dejan ver entre el bosque. Muchos murieron el verano anterior quemados o asfixiados, dejando sobre el suelo sus ojos abiertos y ofreciendo sus vientres abotargados para las alimañas, unas de las escasas beneficiadas del desastre. Poco tardaron en abrirles las entrañas y disfrutar del banquete. Tierra esta también de lobos, más difíciles de atisbar en la intrincada orografía.

En las instalaciones de Villardeciervos aguarda Javier Yáñez, de cincuenta y siete años, doce de ellos conduciendo Charlies, como llaman a los clásicos coches de bomberos. Javi acepta dar nombre y apellido. Casi nadie lo hace por temor a represalias de la Consejería de Medio Ambiente y de las empresas subcontratadas como responsables del servicio. Hablar puede significar no volver a ser contratado. Meses después del incendio mortal, un reportaje en *El País* ilustraba las pobres condiciones en los operativos autonómicos tanto en la provincia zamorana como en los demás territorios. Los jefes de la unidad implicada notificaron esas protestas y castigaron al retén de donde creyeron que provenían las denuncias con un mes sin posibilidad de cambiar días de libranza entre la plantilla, baza siempre socorrida para organizar descansos y poder asistir a las fiestas de sus respectivos pueblos.

Javi, veterano, no tiene nada que perder. Él, flaco y amable, habla despacio, con tono suave, como si, sentado en esa vieja mesa de madera propia de un camping, le explicara al cuello de su mono de trabajo todo lo que sabe y cuanto sospecha y ha ido confirmando. La lluvia tamborilea sobre el techo de chapa, se filtra entre las numerosas grietas de la techumbre y gotea con su tap-tap-tap en los recios camiones. Llueve mientras Javier se traslada al verano anterior, como si el cielo se disculpara por la sequedad que tanto influyó en la muerte de su amigo y la tratara de corregir en su honor.

—Ese día yo no estaba con él porque me dio un cólico el día anterior y tuve que parar. Los dos habíamos trabajado en otro incendio, con muchísimo calor y viento y, aunque bebí seis litros de agua, estaba muy mal. Daniel se fue con otra carroceta, yo me quedé en casa. Me llamó uno del helicóptero ese domingo por la noche, me dijo que parecía que a Daniel le había pillado el fuego y que era imposible que pudiera haber pasado, los compañeros no deberían estar ahí —rememora de carrerilla el amigo del difunto.

No deberían estar allí. Allí es un punto en lo alto de Ferreruela de Tábara, bajo unos molinos eólicos, donde ahora hay una cruz por Daniel. La cruz no debería estar allí; las cuadrillas no deberían haber estado allí. La letanía se repite. Así lo creen aquellos como Manuel y Javier, que siguieron desde la distancia y los transistores cómo las llamas se propagaban sin control. Así lo juran los últimos que vieron a Daniel antes de morir. Ellos también estuvieron a punto de ser rememorados mediante una cruz.

Rafael pertenecía a aquel equipo que «no debería estar allí». Pero estaba.

—Aquí estamos todos un poco trastornados. El que vuelve es porque tiene un toque en la cabeza. Yo he vuelto por los compañeros, por lo que pasamos juntos el año pasado, porque otro año como mínimo mi cuerpo me pedía que había que volver, sabes, tenía algo ahí. He vuelto a ver hace unos días un vídeo de aquel día en el coche… Estamos yendo por la carretera y se ve que el fuego casi nos pasaba por encima, crecía en las cunetas y las llamas eran más altas que nuestros coches. Estábamos bromeando, pero sin bromear, porque no sabíamos lo que nos iba a pasar. Uno decía: «Yo ya me he despedido de la parienta».

El vídeo, con fogonazos naranjas entre telones oscuros, refuerza estos comentarios. Las bromas macabras, comentarios lúgubres o premoniciones apocalípticas aliñan las relaciones entre quienes deben acostumbrarse a escenarios crudos. Ellos se han habituado a estos chistes como forma de relajar los ánimos, poniéndose en lo peor y bajar el listón. En aquella ocasión el tantas veces terapéutico humor negro se hizo realidad.

Los supervivientes cuentan que Daniel intentó aguantar con la manguera, pensando que lograría contener el foco. Cuando Daniel Gullón se quedó solo y los compañeros corrían hacia los coches, su única salida habría sido crear una cortina de agua contra el fuego. Autoprotección, en la jerga de los bomberos: difuminar el chorro lo máximo posible, en forma de arco frontal, a modo de escudo o pantalla contra las llamas. La teoría no funciona en casos extremos con llamas tan salvajes como las de aquel día. Además, según el relato de sus compañeros, seguramente Daniel ni siquiera pudo intentar esa maniobra porque el conductor de la autobomba (el camión con agua) arrancó arrastrando la manguera tras de sí.

—Desde los coches veíamos que las mangueras estaban rebotando, colgando, pegando golpes al camión, no las desconectaron. Seguramente Daniel estuviera agarrado al otro extremo y el tirón lo tirara al suelo.

Quizá el camión lo arrastrara y lo dejara tirado, aturdido. Quizá cuando se levanta tras el impacto pierde la capacidad de ubicarse, se ve rodeado de llamas y en vez de subir hacia el camino quizá desciende hacia la perdición. Su cadáver se halló al otro lado de la pasada del bulldozer, varios metros más abajo de donde lo vieron por última vez sus compañeros.

La Consejería de Medio Ambiente de Castilla y León comparte denominación con la de Vivienda y Ordenación del Territorio en el organigrama del Gobierno autonómico. La sede se encuentra en la calle de Rigoberto Cortejoso en Valladolid junto al Departamento de Agricultura, Ganadería y Desarrollo Rural y al de Movilidad y Transformación Digital. Tres consejerías de imponentes cristaleras repartidas por un altísimo edificio gris en mitad de un barrio humilde, de casas bajas de ladrillo naranja. Los despachos donde se toman las decisiones de la gestión forestal se desperdigan entre esos múltiples pisos y delegaciones. Las frías baldosas se abrillantan a diario y sobre ellas desfila la nube de funcionarios encargados de ejecutar los proyectos negociados tras las puertas de las plantas nobles. La vegetación de interior resalta en contraste con las paredes de planchas de madera. Un termómetro digital señala veintiún grados en invierno y veinticuatro en verano, con una humedad relativa en torno al 40 %: malo será que allí se enciendan algo más que chispazos políticos. En la cafetería del piso 0 se departe sobre las intrincadas decisiones administrativas y sobre las batallitas cotidianas de los trabajadores o consejeros.

Una de esas mesas acoge durante varios días de 2023 las conversaciones con el comandante de la Guardia Civil Juan Manuel Vicente, jefe autonómico del Servicio de Protección a la Naturaleza (SEPRONA) y hasta 2023 el encargado de la UPRONAZ (Unidad de Zona del SEPRONA) en Zamora. Vicente, nacido en la provincia de Salamanca, conoce bien los parajes zamoranos desolados en 2022 porque durante muchos años trabajó en ellos y con su moto recorrió buena parte de las carreteras.

El mando habla con calma, desgrana lo sucedido en esos días críticos y defiende al máximo a los operativos, desde sus compañeros de cuerpo hasta los brigadistas, la Unidad Militar de Emergencias (UME) y los refuerzos de otras comunidades o del Ministerio de Transición Ecológica. Tal fue el desafío, sostiene, que nada puede objetarse. El fuego, recuerda, fue catalogado de «sexta generación», frente a las cinco conocidas antes de irrumpir el cambio climático. Esta nueva tipología de incendios resulta de las olas de calor extremas, del comienzo del calor semanas antes de lo habitual y de los efectos de las sequías prolongadas, que dejan el terreno muy debilitado ante cualquier chispa. La sexta generación también implica fenómenos meteorológicos extremos, como tormentas secas que dejan rayos y no agua.

—Recuerdo que cuando estaba toda la sierra de la Culebra en llamas uno de nuestros compañeros de la Guardia Civil miró hacia arriba y dijo que esto lo iba a apagar el mismo que lo encendió con los rayos: Dios.

Él, canoso, robusto, con barba y de habla vehemente, no aprecia negligencias en la actuación de Ferreruela: tras tomar declaraciones a los compañeros de Gullón y revisar los análisis forenses, la Policía Judicial de la Guardia Civil no encontró ningún indicio de irregularidades, insiste. Sobre una servilleta de la cafetería traza a bolígrafo símbolos, flechas y movimientos del fuego como croquis de la trampa inesperada. Para reforzar su postura, extiende sobre la mesa del bar fotografías tomadas el 17 y 18 de julio de 2022 y me enseña un vídeo grabado por guardias civiles minutos antes de la tragedia. La secuencia muestra el fuerte viento, las densas humaredas emergiendo de prados arrasados, un helicóptero de extinción sobrevolando el sector y unas lenguas no demasiado altas, pero sí azuzadas por los mustios matorrales. Nada raro en estas operaciones, *a priori*. Vicente insiste: *a priori*.

El caos se desató minutos después de esa grabación. Las escobas o hierbajos de esa colina propiciaron una enorme capacidad calorífica, rememora Vicente, ante la cual poco pudo hacerse. Las imágenes evidencian la ardua tarea de los brigadistas para escapar de ese punto, cuesta arriba y rodeados de humo.

El agente suspira y recalca que en estos casos, aunque los nubarrones parezcan lejanos, el dióxido de carbono fluye rápidamente y va estrangulando disimuladamente los sentidos antes de empujarlos al precipicio de la asfixia. A la intoxicación y sus efectos en la musculatura y en el sistema nervioso, se suma el calor, la deshidratación y la propia orografía: no había un camino de huida evidente, tan solo correr hacia arriba, cargados con mochilas, medio cegados, entre tropezones y cercados por el fuego y rodeados por enormes rocas desnudas.

Vicente recuerda el plomizo silencio que se adueñó de la expedición de guardias civiles y forenses cuando localizaron el cadáver de Daniel. Luego me enseña fotos de algunas de sus posesiones encontradas en la zona: una cantimplora con la chapa abrasada, el móvil convertido en chatarra derretida, las pilas fundidas de la emisora, un pequeño botiquín y unas monedillas mordisqueadas por el fuego. Aún quedaban restos de plástico y la goma destruida de la manguera.

—Creemos que murió porque se confió, pudo pensar que, aunque el fuego tenía mala pinta, ellos podrían apagarlo. Fue cuestión de unos segundos, mientras los demás habían asumido que era imposible e intentaron escapar, él se quedó un poco más y enseguida se vio rodeado. Daniel estaba en forma, hacía cuarenta kilómetros a diario en bicicleta, pero no tenía la agilidad que tienen los jóvenes, que son como gamos. Había superado un cáncer y tenía sesenta y dos años.

—Han tratado de encubrirlo todo echándole la culpa a Daniel, es muy fácil culpar al muerto.

Rafael, que estuvo presente sobre el terreno, señala culpables:

—Lo mismo que te lo digo a ti se lo he dicho a la Guardia Civil: acuso de la muerte de mi compañero a la Junta, acuso al guardia forestal, acuso al SEPRONA y acuso a la Guardia Civil y a todo el mundo que ha manipulado. El guarda es un chulo y se creía que él iba a apagarlo y a salvar al pueblo. Así de claro te lo digo: ese hombre mató a un hombre, sus compañeros también son culpables de que ese hombre haya muerto. Nos deberíamos haber negado, sabíamos perfectamente que no había tiempo, ¿vale? No, no, no, no, todo estaba mal, hasta la ruta de escape. No había ni tiempo ni diferencia entre nuestro contrafuego y el frente de llama, estaba ya al lado, había tormenta así que, en caso de que algo fuera mal, no podíamos usar el helicóptero para escapar porque no podía entrar donde estábamos.

Javier Yáñez apunta también a la negligencia de la operación:

—No debían haber entrado ahí desde la pista de arriba. A unos 300 metros más abajo hay una carretera para atacar el fuego con más seguridad. Además, esa zona era forestal o ecológicamente poco valiosa, de monte bajo y jara y sin árboles importantes. Uno de los ingenieros técnicos no estaba convencido de intervenir, pero le ordenaron seguir adelante y toda la brigada se metió, de repente cambió el viento y se les echó encima. «¡Fuera todos, fuera todos, fuera todos!», les pidió, y echaron a correr hacia arriba.

Manuel añade su opinión al coro de fiscales:

—La Guardia Civil no puede ponerse a valorar cómo fue la operación, a sus ojos puede estar bien, pero claramente no lo está: un contrafuego en mitad de un flanco a menos de 300 metros del frente de llama, con tormenta seca y viento de cien kilómetros por hora… Nadie que sepa de esto va a decir que está bien hecho. Vamos, los huevazos que tuvo Daniel, enormes, por supuesto, pero aquí no necesitamos héroes, sino gente formada. Es una cadena de errores. La maniobra está mal hecha a todas luces, no había ni tiempo ni distancia ni nada que conseguir porque estábamos en mitad del flanco.

Rafa insiste, hablándole a un interlocutor ausente, dirigiéndose a esa Administración invisible aquellos días:

—Nadie sabe lo que ha pasado más que nosotros, los que estuvimos allí, tú me puedes contar mil historias, pero tú no tienes ni puta idea.

Jacinto Gullón Vara era uno de los coordinadores del operativo en Losacio.

Jacinto trabaja para la Junta como jefe de comarca del área de Tábara.

Jacinto es el hermano de Daniel, el manguerista.

Jacinto se ha mantenido al margen de las reivindicaciones de los brigadistas y, cuentan sus allegados, no ha vuelto a hablar en público del desastre del 17 de julio de 2022 en la sierra de la Culebra. Tampoco nadie le saca el tema cuando lo ven tomando café o cuando coinciden en el curro.

Cuenta el comisario Vicente que Jacinto pidió, en un primer momento, investigar la muerte de su hermano.

—Nosotros y la policía judicial lo estuvimos analizando y no hay ninguna señal de mala actuación del retén, de hecho, el conductor del vehículo que se marchó el último fue un héroe y aguantó hasta el final, incluso se estaba medio quemando el coche. Jacinto lo ha entendido, no ha puesto ningún problema y ha seguido trabajando. Cada cual maneja el dolor a su manera, no sabemos qué lleva por dentro.

Los brigadistas Manuel y Rafael debaten sobre las motivaciones que llevaron a Jacinto a dar un paso a un lado.

—Yo no voy a decir si está haciendo bien o mal porque te pones en su papel y… está sufriendo. A mí me extraña mucho… —comenta Manuel.

Su amigo le corta:

—Lo que piensa está muy claro, te lo digo yo que estaba allí.

Manuel prosigue:

—Que el paisano lo ha pasado mal y se lo ha comido todo ya te lo digo yo. Pero yo te digo que otra familia que igual no tuviera parte dentro del operativo…

Otros bomberos no terminan de comprender las razones de su mutismo, pues tampoco ha colaborado en homenajes, marchas o manifestaciones. Lo atribuyen al miedo a molestar a la Junta y a perder su puesto de trabajo.

—Me pasa a mí eso y viene mi madre y se encadena aquí mismo; mi padre va al edificio de la Junta en Zamora y lo quema de arriba abajo allí mismo —proclama, furibundo, Rafael.

Los decibelios se reducen al abordar la cuestión con Javier Yáñez, quien tantas horas pasó con Daniel. Él se resigna ante el posicionamiento de Jacinto.

—Es muy reservado, cuando le hicimos a Daniel un pequeño homenaje él nos pidió no acudir porque no se sentía con fuerzas e iba a ser muy doloroso. Lo entendimos.

El gremio, más allá de sus dudas, ha respetado a Jacinto. De él agradecen que, al menos, no prestara oposición cuando le comentaron que plantarían cuatro árboles en el lugar donde murió su hermano. Los amigos de Daniel han terminado por asumir, aunque no la entiendan ni compartan, la reacción de Jacinto.

Para Javier Yáñez, el mejor homenaje consiste en rememorar a su amigo con orgullo.

Yáñez había ido descubriendo detalles de la vida de Gullón conforme pasaban mañanas y tardes solos, entre vastísimos bosques y pueblos donde apenas pasean ancianos aislados, con suerte, más allá del verano.

—Él era de Ferreras de Abajo, pero estuvo mucho tiempo trabajando como encofrador en Suiza hasta que hace unos pocos años regresó y se puso a trabajar en la fábrica Taboada, de productos naturales y de nutrición o parafarmacia. La empresa iba decayendo, se reducían los turnos y casi por probar Daniel se metió en esto de apagar fuegos, le gustó el mundillo y empezó en una cuadrilla terrestre, las Romeos, antes de pasar a un Charlie, los camiones, en Alcañices (Zamora). Luego lo desplazaron a Villardeciervos. Daniel tenía su casita, pero sin ningún alarde. Su mujer es de la zona y trabajaba en la misma fábrica en la que entró él al volver de Suiza. La hija mayor, de treinta años, tiene una pequeña parálisis cerebral que le afecta a los movimientos. Se llama María, es muy tímida y hablábamos poco, pero su padre siempre me decía que ella se encargaba de hacer los pedidos o compras por internet. La pequeña, Bettina, tiene veintisiete y trabaja como peluquera en Zamora. Sigo hablando con la madre por WhatsApp, pero no solemos comentar lo que pasó con Daniel.

Javier habla con nostalgia de su amigo tranquilote, de costumbres fijas como coger la bicicleta cada mañana para rodar cuarenta kilómetros antes de ir a trabajar o, si libraba, incrementar la ruta hasta los setenta entre carreteras poco frecuentadas y de acusados desniveles. Gullón salía en otoño a por hongos y sacaba un extra. «Hoy he cogido un jamón», bromeaba, si la recolección era buena y podía vender los boletus y níscalos a buen precio.

—Los primeros días que coincidimos ponían una telenovela de esas turcas, de las primeras que hubo, Daniel empezó a verla y se enganchó. Creo que la serie se llamaba *Mujer*. Me contaba cada día el episodio en el camión hasta un día que le dije, medio en broma medio en serio: «Con todo el respeto, no me interesa nada». «Me cago en la leche, no tenía que haber empezado a verla, es una tontería y me he enganchado», se quejaba él.

Cuando la acabó, escarmentado, no quiso ver ninguna más.

El veterano fichaje se mostró tímido en sus primeros días. Javier Yáñez sonríe como si aún lo pudiese ver tejiendo sus primeras amistades en comidas multitudinarias, con hasta cuarenta asistentes los días grandes. Desde el principio siguió un plan con las comilonas: después de estos festines, dos o tres días de menú ligero para no mosquear al médico. Poco a poco fue cogiendo confianza y desempeñando un rol indispensable en los partidos de voleibol que tanto marcaban las relaciones: Gullón, de cabellera tupida perlada por canas y envidiable a su edad, se mantenía al margen de ese voleibol marrullero y de reglamento adaptado, pero se encargaba de pasarles las pelotas que se escapaban ante un buen remate o un error grosero. Con un matiz: cada pelota devuelta la envolvía en coñas. «¡Qué malo eres!», vacilaba a sus compañeros cuando fallaban.

La plantilla se amoldaba a los requisitos de sus compañeros de unidades helitransportadas, pues a esos grupos no se les permite jugar al fútbol o al baloncesto por la posibilidad de lesiones, y ya bastante escasos andan de efectivos como para perder a uno por un esguince de tobillo o un dedo luxado. Así, construyeron la pista de arena y configuraron una normativa para evitar el contacto: no se permite saltar a bloquear al rival para evitar choques, invasiones o roces inoportunos.

Los meses pasaron y se ganó el cariño de los compañeros. El último día de su primera temporada acabó, como todos, empapándose con la manguera, ritual de despedida antes de una travesía por el desierto laboral de al menos seis meses esperando la siguiente llamada de la Junta.

Daniel disfrutaba de una nueva vida tras haber visto de cerca el riesgo de perderla. A Daniel le habían diagnosticado un peligroso cáncer de colon del que aún se recuperaba cuando se incorporó a los retenes. Cada vez que volvía de la consulta de revisión portaba mejores mensajes y los transmitía a sus colegas. Las cosas marchaban bien. Entre la huerta, la bicicleta, la familia, la micología y el empleo estaba disfrutando de esos últimos pasos previos a la jubilación. Sus compañeros lo veían encantado tanto en lo laboral como en lo personal, siempre entretenido y ocupado cultivando tomates y calabacines que acababan en la despensa de sus compadres de Villardeciervos. Era feliz.

—¡Yo tampoco le iba a hacer el mal gesto de no comerme los tomates! Tenía un huerto enorme al lado de su casa, le gustaban muchísimo los paseos con la mujer por el monte, las setas y el huerto —recuerda Javier.

A esos paseos llegó como terapia para rebajar su afición por el fútbol. Daniel Gullón pasaba muchas horas delante de un televisor, comiéndose partidos del Real Madrid hasta que un día vio la luz: era una pérdida de tiempo. Siguió siendo muy deportista, merengón y amante del fútbol, aunque supo priorizar entre el campo y el sillón. El balompié fue sustituido por patear y patear en paseos junto a su pareja casi todos los días entre sus amados paisajes.

—Mi mujer también ha sufrido un cáncer y hablábamos mucho de ello, de la recuperación y de los dolores. Pasábamos juntos, solos, diez horas diarias. Su mujer y yo mantenemos el contacto, cuando le hemos hecho el homenaje plantando los árboles le preguntamos qué le parecía, por si acaso. Nos prometió que con el primer aniversario nos invitaría a comer a los compañeros de Daniel y cuando llegó el día se acercó a la base con unas empanadas y unas tortillas como agradecimiento. No se quiso quedar a comer con nosotros porque le era doloroso.

Quienes lo conocieron rememoran que, ante todo, era optimista. Como para no serlo tras haber superado un cáncer, argumentaba. Así aprendió a dejar de darle importancia a las bobadas y a centrarse en lo verdaderamente esencial, como solía explicarles como un abuelo a los más jóvenes de Villardeciervos. A sus sesenta y dos años se había convertido en uno de los más mayores y repartía batallitas sobre su estancia en Suiza. Chapurreaba italiano y alemán, pero con sus jefes se relacionaba en castellano: los suizos habían aprendido el idioma ante la enorme cantidad de españoles que cruzaron la frontera para ganarse la vida. El manguerista también departía sobre la vida antaño por el oeste de Zamora y señalaba los pinos y castaños que otros quintos y él habían colaborado para plantar. Los árboles crecieron hasta que el fuego de 2022 se los llevó junto con Daniel.

La catástrofe de Zamora desplegó sobre la provincia a bomberos de toda procedencia. A los de Castilla y León se adhirieron unidades del Ministerio de Transición Ecológica y equipos de Asturias, Castilla-La Mancha, Extremadura, Galicia, Comunidad de Madrid o Cantabria, así como de la UME. Los informativos de televisión o las portadas de los periódicos se fijaron en Zamora durante unos días, pero en cuanto se apagaron los focos se evaporó también buena parte de la cobertura mediática. También se esfumó la atención social. Los halagos sobre esos héroes se diluyeron sin que los protagonistas recibieran una atención especial. Se les había muerto un compañero, tres hombres más habían fallecido, se había arrasado buena parte de la sierra de la Culebra, habían visto el peligro de cerca y habían exprimido sus capacidades físicas y mentales pese a carecer de condiciones laborales dignas. Sobre todo, habían quedado tocados. Fueron días y semanas de rumiar el fallecimiento, buscar culpables, imaginar complots, atribuir responsabilidades y acabar incluso pensando mal del prójimo.

Ni la Junta ni el Estado ni las empresas les ofrecieron ayuda psicológica. Una vez más, como ocurre con el material del gimnasio, los complementos alimenticios, los refuerzos en el buzo de trabajo o el botiquín o las herramientas, los brigadistas tuvieron que buscarse la vida.

La asistencia psicológica llegó gracias al boca a boca y a la solidaridad.

Sonia Barbero había trabajado varios veranos en las torres de vigilancia de Burgos. Allí se encontraba el 17 de julio cuando supo del fallecimiento de Daniel Gullón y de lo ocurrido con sus compañeros. Habló con varias compañeras psicólogas para organizar la ayuda.

—A nosotras nos llega esta información. Jolín, que están muy tocados, teníamos que hacer algo y ofrecimos unas consultas por internet, videollamada o como sea. Acordamos una intervención directamente antes de que se enfriara la cosa.

Sonia Barbero, Marián Fuertes y Leticia García acudieron a la base de Villardeciervos el 24 de julio, primer domingo tras dar por dominado el fuego. A esa primera sesión asistieron quince personas, todo hombres, corteses, pero sin alardes de simpatía, incluso incómodos. Los había veinteañeros y otros casi jubilados. Algunos se espatarraban sobre las sillas, cruzados de brazos, escuchando a la psicóloga con las cejas alzadas, como un alumno obligado a ir a clases de recuperación. Poco a poco, el recelo se fue transformando en miradas expectantes. Así lo recuerda Rafael:

—Hacían juegos, jueguecitos emocionales. Nos dieron un rollo de papel higiénico y teníamos que tirarle el rollo a otro compañero. Cuando se lo tirabas, tenías que decirle a esa persona qué creías que podría haber hecho mejor esos días y luego al revés, lo tirabas a otra persona y le decías qué hizo bien esos días. Casi no dijimos nada malo, hasta lo malo era positivo y decíamos que estuvimos superbién en otras cosas. Nos contradecíamos mucho, un ejemplo es que yo en la huida no paraba de caerme y me levantaban, me levantaron tres veces porque si no yo me hubiera quedado allí. A la cuarta, no me levantaron, cogieron y se fueron como es lógico porque tu vida… Si te quedas, te mueres… Yo nunca pienso, oh, me dejaron allí… No, no, yo me hubiera ido igual, porque si me quedo me muero y si me voy, vivo. Vivo. No hay más, ahí la mente no piensa, actúa, el cuerpo actúa. Entonces cuando contamos todo esto había un compañero que tenía sentimiento de culpa, de que me había dejado abandonado, pero mi sentimiento era: «Tío, me has salvado la vida». Nos vino muy bien ese ejercicio porque cuando él tiraba el rollo nos preguntaba qué había hecho mal, él decía que me había abandonado. Y cuando me lo daban a mí y me preguntaban que qué había hecho él bien, yo le respondí que me había salvado la vida. Eso nos vino muy bien para que él tuviera claro que yo no pensaba que me abandonó y para que sepa que él me salvó la vida. Yo entonces supe que él tenía ese sentimiento de culpa que no debería tener, entonces como que se aclararon las cosas con los juegos.

Hombretones lanzándose rollos de papel higiénico para darse la palabra unos a otros. Lo que parecía una clase adquiere dinámicas de un campamento de verano. El tono se distiende, afloran sonrisas y bromas, se rompe la coraza. Se pasa entonces a una nueva dinámica: el tarro de las emociones. El frasco de vidrio está vacío y deben rellenarlo de papeles. La terapeuta reparte papel y bolígrafo o lápices bajo una simple consigna: escribir anónimamente qué sienten.

En su consulta de La Bañeza (León), Marián Fuertes me enseña los mensajitos de aquella sesión: «Frustración», se puede leer en una caligrafía menuda, a lápiz. «MIEDO», puso otro en mayúsculas, con bolígrafo negro. Tres de ellos optaron por «Miedo», otros tantos por «Impotencia». Dos más por «Angustia», los mismos que se decantaron por «Rabia», uno de los cuales matizó «Rabia por el abandono y el estado de mis compañeros». Dos coincidieron en «Pena» y a ellos se añadió un «Frustración», otro «Tristeza», otro «Saturación» y otro «Desinformación». Alguno se explayó.

«Como gallipato en una charca seca», comparó uno, aludiendo a un tritón de gran tamaño, frecuente en humedales.

«Querer ayudar y no saber cómo».

«Querer que los compañeros estén bien».

«Repetir situación de extremo riesgo en la extinción de incendios».

«Soledad estando con gente y falta de ganas».

Las consignas desnudaron el atasco emocional del grupo. Una de las hojitas se quedó en blanco. Alguien no quería, o no se atrevió, a volcar sus tribulaciones. Para Marián, significa mucho.

—O tenía tanto que contar y tenía miedo a destapar algo o no sabía qué le pasaba. Había gente que parecía que no les interesaba el asunto, pero de repente hacían así con la ceja… y yo pensaba: «Uy, he dicho algo que le ha tocado». Quien puso el papel en blanco no hizo nada malo, al contrario. Al leer ves que había gente preocupada. Hablé con uno y me dijo: «Estoy preocupado porque estamos todos callados y no lo manifestamos». Le dije que es un proceso y que todos están en lo mismo. Lo uno por lo otro y la casa sin barrer. Te decían: «Ya, pero si le cuento esto a mi familia, van a sufrir». «¡No! Al contrario, si lo sacas sois dos para llevar el peso».

Hasta los más duros, los repanchingados del principio, dejan de reclinarse sobre la silla y empiezan a atender. El reloj avanza y las psicólogas se sienten cómodas. Su estrategia funciona. Los bomberos se sueltan y se vacilan cuando, por las expresiones o las miradas evasivas o las sonrisillas tímidas, perciben que cierto papelito lo ha escrito sin duda tal colega.

El tono desenfadado, con cierta sonrisilla culpable, intenta normalizar una ayuda históricamente recelada por esos colectivos de mayoría masculina, reacia a mostrarse frágil o desnudar sus debilidades ante sus iguales. Esta clase de colectivos acostumbran a hablar mucho de dolor físico, de golpes y de cicatrices, pero casi nunca de emociones, pena, daños emocionales o salud mental. La periodista Franca Velasco ha publicado un libro, *Viaje a las mujeres de fuego* (Pepitas de calabaza), donde narra ese ambiente tan masculinizado y la progresiva irrupción femenina.

—Ojalá estos grupos que trabajan en riesgo, como policías, bomberos o guardas marinos, tuvieran preparación sobre qué es la angustia, qué es el miedo, qué es la ansiedad, qué hacer si me bloqueo. Descubrimos una sensación de «lo necesito, pero no quiero porque soy un machote»; es algo que se ve mucho en estos trabajos. A la larga hemos seguido trabajando de forma particular con alguno y dicen que allí no pueden mostrarse débiles. El bloqueo de la emocionalidad se podía casi tocar con la mano. Claro, eres un machote, estás ahí apagando fuegos y no te vas a poner a llorar. Yo les dije que el duelo va de llorar. Enquistarlo solo trae perjuicios físicos y psicológicos. Les dije: «Si creéis que los chicos no lloran, estáis un poco arcaicos, ¿vale? Si no lloráis, vais a ir mal». Los quince bomberos asintieron —cuenta Marián Fuertes en La Bañeza.

Los bomberos también aprenden a manejar los silencios y respetar los espacios. La compasión hay que administrarla. A nadie le gusta dar pena. Esos silencios deben manejarse con respeto, con más miradas que palabras, con cariño, pero sin abrumar. Sin invadir, sin abrazar. Solo estando ahí.

Rafael y los suyos descubrieron facetas desconocidas de aquellos con quienes habían compartido tantos momentos críticos en las intervenciones o felices en la base o en sus momentos de ocio. En ellas se confesaron hasta los daños más invisibles, aquellos a los que luego aprenderían a poner nombre: estrés postraumático.

—No podía ni dormir, yo cerraba los ojos y solo veía llamas y llamas y chillidos, con la cabeza siempre en eso. Todavía sigue, quizá me muera y siga soñando con ello. Cuando duermo solo, se me vienen esos recuerdos, me cuesta, pero cuando duermo con la parienta no se me pasa por la cabeza… Hay compañeros que siguen hablando del tema y se ponen a llorar, tienen los huevos de volver a trabajar, pero en su interior aún no está cerrada la herida, ahí está y quizá una persona que se ha roto no está capacitada para trabajar, tío. Por ejemplo, cuando nos pasó el accidente, salimos del hospital a las ocho de la mañana y ese día no trabajamos, pero al día siguiente me ofrecieron irme a mi casa una semana para despejarme con mi familia y dije que no. Porque si me voy a casa, no vuelvo. Si me voy con mi madre, no vuelvo, ¿sabes lo que te digo? Yo iba a ver cariño allí y no iba a querer volver a meterme en la boca del lobo. No, no, yo vuelvo a trabajar, les dije, y al día siguiente junto con la cuadrilla decidimos hacer una terapia de choque. La familia que yo tengo aquí son mis compañeros, y si ellos van yo voy a ir (…) Dos días después de la muerte de Daniel montamos en el helicóptero, subimos y nos soltaron en el mismo incendio, en una zona con molinos, como que se repetía la misma situación. Nos dejaron abajo, había que subir andando hacia los molinos… Y cuando íbamos subiendo, en nuestra cabeza lo único que estaba era «se repite, se repite». Era un silencio absoluto, pero todos pensábamos lo mismo. «Se repite, se repite».

La sesión del 24 de julio concluyó como tantos domingos: con paella. Las caras se destensaron, se multiplicaron los abrazos y las psicólogas participaron en el compadreo de la cuadrilla. Marián regresó el 22 de agosto, lunes. Había menos personas. De esa cita salieron dos consultas privadas. El resto de los bomberos saben que las tienen a su disposición, aunque últimamente no las han llamado.

—Hasta los machotes más machotes necesitan ayuda, aunque no sepan pedirla.

3. EUGENIO Y DANIEL RATÓN

Tábara se va quedando, pequeñito, detrás. El imponente silo de la cara sur parece de juguete y pronto se pierde de vista. El estrecho capilar de asfalto conduce a un elevado macizo por donde pronto el motor ruge, exigido por el desnivel, y la conducción requiere cautela para no despeñarse detrás del guardarraíl. La ZA-2434 prosigue su ascensión mediante un recorrido sinuoso mientras se amplía el horizonte sin vida vegetal que remite a la violencia de lo sucedido. A la mitad de los doce kilómetros que separan Tábara de Sesnández, una placa informa de que está usted en el alto de Carmona, una aparente superficie lunar, desolada.

Juran los habitantes de la zona que allí crecían pinos de quince metros de altura, rama contra rama, formando un generoso bosque de incontables ejemplares. Solo los negros tocones dan veracidad a esas palabras, así como las infinitas ramas tiradas sobre el suelo, también tiznado. Un cartel blanco con letras negras advierte, caprichosa ironía, que este es un parque micológico, otrora reino de níscalos o boletus. Efectivamente, unos pequeños y pútridos hongos nacen al pie de un tocón; unos pasos más allá unas alegres florecillas silvestres regalan una mota de color a un paisaje pintado en carboncillo. Hasta las abruptas y afiladas peñas, ahora desnudas tras décadas a la sombra arbórea, presentan un tatuaje negro: los líquenes que las cubrían se chamuscaron y quedaron pegados eternamente a la roca.

Sentarse sobre una de ellas y girar el cuello transporta a un escenario devastador hacia los cuatro puntos cardinales. A lo lejos, el silo de Tábara destaca entre una masa negra con toques de engañosa purpurina verde gracias a esos prados gradualmente renacidos por la lluvia; en las zonas más elevadas, las muestras del rastrillado de los operarios; en los valles, descomunales calvas sin más vida que algunos matorrales. Los escasos árboles en pie, de nulo valor para el negocio de la leña, van perdiendo su corteza: esta se desprende como las serpientes mudando sus escamas.

Algún tímido piar, combinado con el paso de algún coche aislado, rompe el escandaloso silencio de ese antiguo bosque. Las potentes ráfagas no azotan rama alguna ni se entretienen entre las cúpulas de los gigantes. La naturaleza ha enmudecido. La comarcal desciende por un asfalto gris hasta alcanzar un parche negro, de brea recién dispuesta, al tomar una curva. A la izquierda, según se baja del risco, una cruz; a la derecha, un monolito. La cruz, realizada mediante dos barras metálicas fundidas, cuenta con varios ramos de flores de plástico como sencillo adorno. Sobre el metal horizontal, también fundida, una inscripción.

Eugenio Ratón D. E. P.

Enfrente, al otro lado de la calzada, una pulcra lápida elaborada sobre la omnipresente piedra del monte, también engalanada por flores artificiales.

En la sierra que te vio nacer y en el pueblo que tanto amaste
siempre vivirás, Eugenio. 17-7-22 – 16-8-22.

Las fechas del homenaje aluden al día en que Eugenio se quemó mientras buscaba resguardo para su padre Daniel, y al día en que, hospitalizado, perdió el aliento.

En otoño de 2022, después del incendio y de la muerte de su hijo, Daniel Ratón abandonó Sesnández y se mudó a casa de su hija menor, en Madrid. La urbanización le desinfló la moral. Echaba de menos su casa del pueblo sin escaleras, los vecinos parlanchines y el imbatible banco a la puerta de casa, testigo pétreo de tantas conversaciones entre mayores. En Madrid paseaba, mientras pudo, cargando una bombona de oxígeno enlatado. Los últimos días previos a su ingreso hospitalario los pasó en la cama, solo, sin poder respirar por sí mismo. El anciano imponente de 1.90 metros de altura no llegó a los 101 años que cumpliría el 17 de enero de 2023.

—Creo que Daniel se apagó por lo que le pasó a su mujer, por el incendio, por lo de su hijo. Por todo. Sufrió mucho —recuerda Andrea Blanco.

La Guardia Civil y los residentes de los municipios aledaños aún siguen preguntándose cómo pudo Eugenio Ratón padecer tan graves quemaduras sin que el hombre centenario acusara apenas rasguños más allá del aire ardiente colándose en sus pulmones. Hay quien piensa que quizá desalojó a su padre y después regresó al coche para buscar algo y fue entonces cuando se abrasó. Otros insisten en los caprichosos movimientos de las lenguas para explicar que en ese momento se vieran atacados por otro lado. En ese punto kilométrico aquellos dos hombres, entonces supervivientes, firmaron sus respectivas causas de defunción.

La vía quedó cortada entre esas horas antes de medianoche y aproximadamente las dos de la madrugada, cuando el foco había avanzado y dejado relativamente tranquila la falda del monte. La UME se encargó de despejar el paso, recuerda el guardia civil Víctor Ratón, quien solo pudo utilizar esa carretera al día siguiente, lunes, cuando rodeó por allí hacia Tábara al no poder atravesar Escober por culpa de otro frente más activo.

—Un soldado de la UME me preguntó qué tal estaba un pueblo y luego se echó a llorar.

El agente se compadeció del soldado cuando este le contó que su familia procedía de ese municipio que Víctor ha olvidado. El grupo de la UME, asentado en León, había actuado en los días anteriores en otro importante incendio desatado en Las Hurdes (Cáceres). Prácticamente sin descanso, mientras regresaban a su base leonesa tras atravesar Salamanca y la parte sur de Zamora, tuvieron que cambiar de planes. La UME, como refuerzo a la autoridad local y en coordinación con el puesto de mando, quedó a disposición del entonces único representante de ese mando en plaza: Víctor. Su cometido, el básico en estos momentos: proteger Sesnández de Tábara.

Los mapas facilitados por el sistema Copernicus, que registra mediante satélite las hectáreas afectadas por los fuegos, revelan una ingente mancha roja sobre la superficie castigada. Apenas unos islotes amarillos, libres del manchurrón, destacan en la cartografía: los alrededores de Ferreruela, Sesnández de Tábara, Abejera, Litos, Ferreras de Abajo, Escober de Tábara o la misma Tábara, entre otras poblaciones, ejercen como boyas en un mar granate. La explicación, simple: proteger el pueblo. Los bomberos, los lugareños, la UME y toda alma viviente cumplieron la orden. Ninguna de las cuatro muertes declaradas directamente por este incendio se produjo en espacios poblados, señal de amargo éxito.

Sesnández, además de perder a Eugenio Ratón y posteriormente a su padre Daniel, se convirtió en una de esas localidades con más diámetro carmesí alrededor.

Desde el parque Leticia Rosino, con canchas de fútbol y baloncesto, columpios y entretenimientos infantiles contiguos a un chiringuito para que abreven los mayores, los lugareños contemplaron absortos una muralla incandescente acercándose desde su izquierda, una vez consumida la distancia desde Losacio y Ferreruela. Las pavesas volaban y causaban pequeños conatos en los patios. Las piñas extendieron las chispas. Los vecinos enarbolaron sus mangueras.

Las escenas se graban para siempre en su memoria y en los teléfonos móviles. La cuestión rebrota de vez en cuando en el bar del pueblo, que además de taberna ejerce de centro social, foro de debate, espacio de compañía, pantalla para ver el fútbol y confesionario. El templo se llama Sierra de la Culebra, homenaje nominativo a la inmensidad natural que daba de comer de una forma u otra a la clientela. Todos los presentes poseen recuerdos de aquella noche desvelados, colaborando frenéticos en la extinción del incendio. Iván Ratón, treintañero largo, describe asombrado cómo los gorriones caían al suelo, como proyectiles con plumas, al ahogarse con el humo nocivo. Otro, Juan Francisco, apodado Xisco, abre mucho los ojos para gestualizar la impotencia ante las enormes columnas ardientes y la confusión de los animales, con corzos y gamos dejándose coger, extenuados en los alrededores de las casas. Todo se complicó cuando se quemó la bomba de agua que abastece a Sesnández y se perdió la tan valiosa presión para las mangueras, escupiendo poco más que un chorro inocente.

—Hubo un momento en que pensé que no quedaba ni Jesucristo, esto era el infierno total.

Otro parroquiano, Manuel, con el siempre socorrido mono azul del campo, enseña unos vídeos. Las secuencias muestran una atmósfera entre grisácea y anaranjada, como si se hubiese aplicado un filtro a la lente. La falta de perspectiva, piensan *a posteriori*, no les hizo comprender el tsunami ardiente rompiendo contra el pueblo. Únicamente cuando acudieron a la báscula, en el exterior de Sesnández, pudieron contemplar la vasta barrera de llamas de veinte metros de altura tratando de engullir todo lo que pillara por delante.

Basilio Vara Vara, apoyado precisamente en una vara, sentado en un taburete al fondo de la barra con un clarete delante, atiende y asiente ante cada relato del caos. Este hombre, de setenta años rebasados, pertenecía al grupo de edad incluido en los desalojos, pero pobre de quien intentara persuadirlo para no luchar. Basilio, guardia civil jubilado, formó parte del ejército de veintiséis individuos que rehusó la petición de sus sucesores en el cuerpo.

Basilio, canoso y con pulcro bigote blanquecino, tiene los ojos azules. Como su sobrino Daniel Gullón. Se los limpia con una servilleta cuando recuerda la muerte del brigadista, residente en Ferreras de Abajo, municipio dañado tanto por el incendio de junio como el de julio. Del desastre paisajístico del primero se pasó a lo humano del segundo. Basilio se toca el corazón con las pupilas celestes empapadas. Él es una de las pocas personas con quien el hermano de Daniel, Jacinto Gullón, jefe de esa demarcación forestal, alguna vez dialoga sobre el destino sufrido por el bombero zamorano.

—Jacinto ese día descansaba… y cómo acabó todo.

4. VÍCTOR RATÓN Y JOSEBA ALDAY

Víctor Ratón y Joseba Alday aún notan las secuelas de aquella aventura de final feliz. Los sueños recurrentes de oscuridad, fogonazos de luz, árboles y fuego agitaron sus noches durante meses. Víctor ha guardado el uniforme de aquel día, lleno de quemaduras y roces. Como si necesitara el traje para no olvidarlo. Lo conserva en un sitio no demasiado accesible porque no quiere recrearse contemplando los rasguños, la tela quemada o los agujeros causados por las pavesas. El subconsciente del ganadero se centró en la fauna, pues apenas almacena imágenes más allá de los ciervos o jabalís, incluso lobos, corriendo despavoridos por los caminos.

La primera vez que el uno y el otro se reencontraron tras aquel capítulo, Joseba le dedicó a Víctor, medio en broma medio en serio, un «No voy a llorar delante de ti». El juramento se incumple cuando ambos recorren esa senda y señalan la cuneta donde estuvieron a punto de morir. La emoción se agita y desborda cualquier amago de someterla. Ahora hay una amistad forjada a fuego entre ambos. Víctor avisa a Joseba siempre que se acerca al pueblo y charlan sobre la vida, ya no tanto sobre la muerte.

Los padres de Joseba, José Luis y Rosa, se han construido una casa en la villa de sus ancestros y acuden regularmente para cuidar de los abuelos y echar una mano al hijo, siempre ajetreado.

Una vieja parcela de los antepasados, con una pradera regada por las aguas invernales, ofrece cobijo, protección y sustento para los cuarenta y seis bovinos atendidos por Joseba. Al llegar al terreno, lo veo fajándose junto a sus progenitores para anclar bien los postes que delimitan el cercado. Días antes de la visita, en una nevada de marzo, varias vacas se desorientaron y aún hay una pendiente de aparecer. El rumiante, como difundió Joseba vía WhatsApp, fue localizado poco después, para dicha de su propietario. Otras fueron localizadas a tiempo, pero un choto fue atacado por los lobos (patrimonio salvaje de la sierra de la Culebra, pero no tan bienvenido por el sector primario por la lentitud administrativa en compensar las pérdidas).

Los pantalones vaqueros y la ropa de moda se quedaron en Bilbao. Para qué complicarse si existen los monos largos, fluorescentes, gruesos contra los avatares del campo e impenetrables, si se unen a botas altas de agua, por el frío caudal de los arroyuelos rebosantes por las lluvias y las nieves recientes. La abundante pluviosidad permite mirar al verano de 2024 con cierto optimismo: de seguir así, tanto la superficie como el subsuelo conservarán la humedad suficiente para impedir, o limitar, descomunales incendios como los dos de 2022. (Así fue: al momento de escribir estas líneas, en septiembre de 2024, ha ardido un cincuenta por ciento de superficie menos que en 2023 y en 2022).

Las encinas circundantes al terreno de los Alday acreditan los fuegos del pasado. Los troncos con ramas extendidas parecen negros dedos esqueléticos estirándose hacia unos cielos que nunca logran arañar. Algunos matojos, bien lo saben las reses, comienzan a brotar y adquieren tamaño, palmo a palmo, mientras sobre las praderas actúan decenas de cortacéspedes con pezuñas, ubres, cuernos y babeantes morros. Aún quedan unos minutos de luz para exprimir la jornada con los mastines rodeando y guiando al rebaño a su alojamiento nocturno. Para ello han de vadear el crecido riachuelo, poco desafío para sus fuertes patas, pero no tan sencillo para los humanos. La madre de Joseba dirige a los perros de regreso a casa mientras algunas estrellas empiezan a asomarse al alféizar de los cielos púrpuras, amarillos y celestes. Los mastines se frotan contra las piernas del forastero y agradecen las carantoñas, actitud opuesta a cuando huelen o vislumbran los lobos.

—Se vive bien aquí, es otro mundo.

5. VICTORIANO ANTÓN

Escober cumple los cánones de la inmensa mayoría de los núcleos rurales: las casas vacías superan a las ocupadas, las amarillentas garrafas de agua a la puerta de las casas tratan de disuadir a perros y gatos de orinar en ellas, coches antiquísimos siguen batallando sobre el asfalto y apenas hay ruido en las calles por donde holgazanean gatos medio callejeros medio hogareños. Los pequeños grupos sentados al sol, de edad media superior a los ochenta, sirven como oráculo. Ellos lo saben todo. Sus miradas arrugadas observan con sorpresa un coche no conocido, un rostro novedoso dirigiéndoles la palabra.

—Perdonen, ¿saben dónde está Valeriano, el pastor?

La estructurada vida de un pastor facilita saber dónde se encuentra a cada momento, especialmente cuando solo quedan dos en el pueblo.

—Sí, estará por ahí con las vacas. Tira para abajo, cruza un puente que hay y tira para la izquierda.

Circulo entre las paredes de piedra y techos de pizarra, entre amables murales representando ovejas y vacas, fauna salvaje y vida campesina, atravieso un paso sobre un caudaloso regato engordado por las lluvias invernales, conduzco por un camino de grava y me encuentro con nueve vacas que miran, apacibles, al forastero. Los animales desperdigados engullen el fresco pasto ofrecido a la sombra de una colina. La primavera ha pintado de verde la llanura, pero las colinas laterales aún mantendrán la negrura durante largo tiempo.

Valeriano Antón es el hermano de Victoriano Antón, el pastor de sesenta y cuatro años fallecido el 17 de julio de 2022. Se aferra a un bastón de madera y guía con la vara y sus chistidos a las reses por el valle. Bigote canoso, manos gruesas y recias, Valeriano se defiende del fresco de esta tarde de marzo con un gorro gris raído y se envuelve en un abrigo grueso, marrón, ajado, con manchas, que le llega hasta las rodillas. Las botas de agua permiten chapotear entre los tramos inundados por donde se adentran los bóvidos buscando mejores manjares. El ganadero empezó en el oficio a los catorce años y no conoce descanso. La voz grave habla de su hermano con pesar y resignación.

—Aquel día estaba yo en casa y me dijo la mujer: «¿No ves que hay fuego? ¿Y tu hermano?».

Aquel 17 de julio el viento empujó el incendio desde Losacio hacia Escober, diez kilómetros al noreste. Valeriano sabía que su hermano había salido con el rebaño, no sabía exactamente dónde, pero intuía que podría haber ido al paraje de Los Pozones. Hacia allá intentó dirigirse en coche, pero las lenguas ardientes ya cercaban el pueblo y tuvo que volver para atrás.

—Ni la Guardia Civil ni nada, salvo los del pueblo, no me ayudaron, y mira que se lo dije no sé cuántas veces, yo toda la noche buscándolo por ahí y no hubo cojones a ayudarme. Él estaba con las ovejas igual que yo ahora mismo y se quemó en el monte. Yo sabía dónde estaba y no lo encontramos hasta el día siguiente por la mañana. Los guardias me dijeron que me marchara, que ya se había quemado uno. ¡Yo no quería que se quemaran ni él ni nadie, joder!

Las palabras emergen entre lágrimas, a borbotones, rápidas, algunas ininteligibles entre los dientes mellados del ganadero.

Según la autopsia, su hermano murió asfixiado algo más tarde de las nueve de la noche, dos horas después del primer empeño de Valeriano por sacarlo de las llamas.

—Desde entonces estoy tomando unas pastillas, por la noche y por la mañana, y si no fuera por eso no aguantaba. Todas las noches estoy soñando que se queman cosas, soñando con esto. Si no fuera por lo que estoy tomando no podría ni dormir, no podría parar en la cama.

El cielo despejado va tomando tintes violetas y las sombras se extienden por las pistas de tierra por donde camina Valeriano. Los árboles que no han sido retirados por su madera poco valiosa se comban, negros, sobre los suelos. La voz del pastor transmite rabia, pero también la tradicional resignación de quienes se han acostumbrado a penuria tras penuria sin alzar la voz. Siempre podría ser peor. Le quedan dos años para jubilarse y dejar esas vacas que, por mucha vida bucólica que representen, entrañan dedicación constante y pocas ganancias.

—A mí se me quemó mi hermano ahí y por más vueltas que le he dado no me han dado un duro. ¡Por las ovejas de mi hermano me han dado cuatro perras! No sé ni cuántas había, las he vendido y me han dado 5000 euros por ellas. Muchas quedaron tocadas y se murieron después… Después me dijeron que no iba a adelantar nada denunciando o peleando por la muerte del hermano, y es verdad. Qué remedio me va a quedar, me han mandado dos cartas y me han dicho que no tengo derecho a nada. El abogado me dijo lo mismo, conque buena gana de pensarse nada. Claro. ¿A quién le vamos a pedir, al rayo que cayó? Pues yo con eso le doy la razón. Desde el primer momento me dijeron que no iban a darme nada.

Los tiempos de gloria en la sierra de la Culebra, con decenas de rebaños de ovejas, cabras y vacas o numerosos caballos, ya pasaron. Los municipios prosperaban gracias al campo y los animales se encargaban de cuidar del monte con cientos de belfos rumiando y mordisqueando. Cuando la ganadería entró en decadencia, el monte se convirtió en una selva a la espera de una chispa.

—Nadie queda ya, solo dos o tres que tienen unas pocas entre todos. Ya ves tú. Muy pocas. Antes había 400 vacas en este pueblo, y ovejas pues ni te digo. El que menos tendría entre 300 o 400. Yo en cuanto me pueda jubilar no quiero saber nada de semejante historia. Para qué. Ya he sufrido bastante, se me quitaron las ganas de todo. Esto es una desgracia, esto estaba bonitísimo, con los árboles y todo.

El hombre señala los hambrientos hocicos de una de sus vacas, resoplando entre el jugoso verde mientras se escucha el sonido de la hierba arrancada y el zascandileo del arroyo. Quedan muy pocos años para que esta localidad, y muchas otras, pierdan el ganado restante y dejen aún más desprotegido al monte. A medida que desciende la ganadería extensiva ligada a ovejas y vacas, aumentan las macrogranjas de cerdos, escasa fuente de empleo rural o bienestar animal, pero muy rentables.

—Yo creo que nada más están intentando que desaparezcamos todos de estos pueblos. Somos un estorbo.

El contacto con los políticos ha sido mínimo, ni falta que hace. El ministro del Interior, Fernando Grande-Marlaska, se le acercó aquellos días con palabras de consuelo cuando, desalojados de Escober, él y dos familiares se fueron a comer a Pozuelo de Tábara. Alguien le comentaría al ministro que él era hermano de un fallecido y Marlaska le dio el pésame. Un rato después el titular de Interior fue abroncado por otros comensales y tuvo que abandonar el restaurante.

—Que sí, que muy bien todo, que todo lo que hiciera falta, que ya sabía dónde estaban. Ya sé dónde están, donde le dé la gana, de mí no se ha vuelto a acordar nadie. De la Junta nadie me ha dicho nada, fuimos a Zamora a una misa y no sé ni quiénes estaban allí. No miré para ninguno.

El sol descendente advierte de que va siendo hora de regresar a casa. Atardece entre los árboles y las vacas atienden sumisas al jefe, esta vez con la radio apagada, fiel compañera entre la soledad del campo.

—Todavía hoy fue el día del 11-M, ¿no? Aquel día estaba yo también con las vacas, no se me olvida.

Dos perros corretean entre las pesadas patas bovinas y se excitan, con más fe que realismo, cuando se cruzan un par de corzos a los que persiguen emocionados entre troncos quemados y cerros aún ennegrecidos. Un tercer perro, pequeño, de color pardo y delgado, permanece a apenas unos pasos del pastor. Ni lejos ni cerca, siempre detrás, solo distanciándose si alguna vaca amaga con escabullirse. Tiene unos doce años, se llama Chispa, perteneció a Victoriano y solo ella sobrevivió aquella tarde del 17 de julio. Es al hablar de ella cuando Valeriano se derrumba entre balbuceos y llanto.

—Esta estaba allí cuando se quemó mi hermano, estaba con él. La traje para casa y al día siguiente se marchó otra vez para allí, al mismo lugar, buscándolo. Que se vea así si lo quería o no. No lo sabe nadie lo que he pasado yo nada más que yo.

A Victoriano Antón lo conocía mucha más gente a través de YouTube que en persona. La sabiduría de este pastor quedó encapsulada en el canal *El jilguero de Don Tineo*, donde un aficionado al campo graba las andanzas de los últimos pastores. Sus más de 400 vídeos superan el millón de visualizaciones, con más de 15 000 suscriptores. Victoriano y el youtuber pasearon juntos el 19 de abril de 2022, casi tres meses antes de la tragedia. Los diez minutos y veinticuatro segundos, titulados

Desventuras loberas a campo abierto, revelan a un pastor que explica con exactitud el contexto que provocaría su muerte meses después: desatención forestal, falta de lluvias y calor. El augurio no bastó para salvarse. Los comentarios sobre ese vídeo, que acumula más de 13 000 visitas, se han llenado de condolencias y pésames.

—Victoriano, ¿dónde nace este arroyo?

—Nace en Riofrío, yo se lo digo.

Los cencerros y los balidos acompañan las preguntas y respuestas del ganadero aquella tarde junto a Sesnández de Tábara. La audaz perra Chispa aparece en primeros planos mientras custodia la cabaña y mete en vereda a las ovejas díscolas, entretenidas con un arroyuelo cuya escasez en plena primavera vaticina la sequía estival. Luego dormita entre palabras cariñosas de su amo. El mastín Palomo, que morirá en el incendio, zanganea sobre la hierba hasta que le toca devolver al rebaño hasta el establo donde pasan la noche.

—Un perro bueno vale un capital para las ovejas.

La cámara enfoca a Victoriano cuando se le pregunta por recientes ataques de lobo. El hombre retrocede a tiempos atrás cuando uno se coló en el corral y mató a veinte o treinta ovejas. Las acusadas arrugas en el rostro, de piel curtida por años desprotegida ante el sol, el frío y el viento, se le marcan cuando sonríe y enseña una dentadura sin varias piezas frontales. Los ojos claros, idénticos a los de su hermano Valeriano, brillan alegres sobre su nariz aguileña al recitar pulsos con el gran depredador, que le arrebató alguna cabra y más ovejas descarriadas. El pastor luce canas en la cabeza y en las largas patillas. Sonríe, halagado por el interés sobre sus vivencias y el placer de narrarlas.

—En cuarenta años que llevo he vivido más de una lobería, son muchas historias. El caso es que a mí me la mangó cuando se me coló en aquellos corrales.

El pastor parece conocer de memoria cada árbol, capilar hídrico, protuberancia rocosa o camino. Pronto sale a colación otra cuestión directamente relacionada con los fuegos. El ganadero señala unos montes cercanos al explicar que las reses apenas pueden andar por buena parte de la sierra por las descomunales jaras y zarzas.

—Este término está comido de mierda. Este año va malo, con este tiempo criminal que viene. Esta primavera no hay ni rocío ni nada, está todo seco. Una primavera ruin y mala es esta, estamos a mitad de abril y no hay ni primavera ni nada, cuando se meta el calor, ¡buf!, ninguno va con ovejas con el puto calor.

Se nota que Victoriano agradece la compañía. Así enumera batallitas de perros atacados por los lobos, pastores durmiendo al raso junto a su rebaño porque no había cancillas donde guarecerlas, la falta de relevo generacional o la muestra de instrumental para agarrar las patas de las ovejas. El zamorano se ha puesto la gorra para combatir el brillo del atardecer y bromea con su vestimenta, con pantalones, botas y cazadora ajados. En la mano derecha, un robusto cayado.

—Está todo roto, joder.

Cuando el anochecer empieza a ganarle el pulso al día, Victoriano Antón se retira junto a sus animales. Bajo el ala porta el zurrón, el bastón, una manta y una bolsa. Se despide con sencillez y una sonrisa.

—Oiga, que yo tengo que marchar, que se me marchan los corderos, se largan y me dejan aquí a las otras.

Chispa ladra como una descosida, alertando de la fuga lechal. El pastor da la espalda a la cámara y se aleja raudo junto al arroyo, detrás de sus ovejas y cabras, acompañado por sus perros guardianes y por un nuevo atardecer hacia Escober.

—¡Hasta otro día que nos veamos, Victoriano!

En ese mismo canal de YouTube hay una intervención de Santiago León, cabrero de San Martín de Tábara, poeta y productor de los afamados quesos Beato de Tábara. Aún no se había producido el doble ataque mortífero de los incendios, pero los labios cortados por el frío y el viento describían el declive con precisión. Santiago León carraspea y sentencia en apenas dos minutos de discurso sin micrófonos:

—Yo vengo hablando de olvido de estas tierras desde hace siglos, yo en concreto viéndolo desde cuarenta años. No se ha cambiado nada ni hay interés, esto políticamente tiene un fin. Lo han dejado pudrir y esto lo van a cubrir las macrogranjas, los macroparques eólicos y las placas solares. Todo está premeditado. Al no haber gente que luche, esto muere. Se han cometido muchísimos errores engañando a la gente, pensar que el turismo rural iba a traer vida. Lo único que puede traer vida es dignificar la profesión pastoril, porque esta es tierra de tradición de pastoreo, y que los recursos sean manufacturados aquí y no en las centrales lecheras o en los mataderos de las ciudades. Que generen riqueza y creen puestos de trabajo y calidad de vida. Pero no interesa, hay muchas cosas que se nos ocultan y porque ya no hay savia nueva que aquí quiera luchar. Aquí al hijo se le ha educado dándole el desayuno y diciéndole: «Hijo, tómate el desayuno, vete a la escuela y márchate de aquí cuando seas grande», en vez de educarle para decirle que esta tierra tiene recursos, cambiar la forma de actuar y crear infraestructuras para que el ganadero no sea tan esclavo. Son intereses espurios dirigidos por los políticos y esa gente que viene aquí a depositar la cesta de los huevos y que se los llenemos.

6. DEMETRIO FERNÁNDEZ

Hay manos convertidas en currículums vitales: las palmas anchas, de piel dura y curtida como la de un rinoceronte, con dedos gruesos y a menudo culminados en uñas rotas, con falanges torcidas o aplastadas. Demetrio Fernández se afana entre sus ovejas, cargando pacas de paja, conduciendo y acarreando grandes pesos, con un amplio tajo en uno de sus dedos. Lo ha mantenido inmovilizado durante una semana, pero ha seguido currando, pues la ganadería no entiende de bajas laborales como tampoco de vacaciones o domingos y festivos. Demetrio no ha ido al médico, para qué, no vaya a ser que le obliguen a parar. Los brazos gruesos y la recia estructura de Demetrio le hacen alcanzar los cien kilos, volumen y fortaleza suficiente para fajarse con soltura pese a que tenía sesenta y cinco años cuando el cataclismo bajó de entre los cielos y prendió la tierra. Él es uno de los pocos pastores aún activos en Escober de Tábara.

—Pues aquí estamos, que no es poco —saluda Demetrio, consciente de que Victoriano, con quien solía cruzarse en el campo, murió a unos pocos kilómetros.

Aquel julio de 2022 casi lo obliga a detenerse. El acento zamorano se entremezcla entre esas frases rotundas, asépticas, sin plasmar más emotividad que la imprescindible. Él pudo haber sido entonces la tercera víctima mortal, tras Daniel y Victoriano. Sangre fría, acertar con los movimientos, controlar los nervios y tener suerte. Las botas de Demetrio hacen crujir el colchón de paja y excrementos de aquellas reses cuyos cencerros cortan el silencio de la nave.

—Estábamos pastando ahí en un valle otro ganadero y yo, se vio el fuego. Yo aquí las ovejas las tengo cercadas, en invierno las tenemos en casa, pero en verano fuera. Entonces cuando vimos las barbas chamuscar, nos fuimos corriendo, allí se quedaron 210 ovejas quemadas. Yo salí a tope, no fui capaz de ir a por ellas.

—¿Cuánto tardó en llegar el fuego? ¿La tarde?

—¡Coño una tarde! Una hora. ¿Quién piensa que se te va a meter encima? Si lo hubiera sabido, me hubiera salido antes.

Demetrio alza la voz como si aún pudiese ver las llamas acosándolo. No le quedó otra alternativa que dejar atrás a sus reses y escapar hacia un lugar seguro. El ganadero conservó la cabeza lo suficientemente fría como para tomar la mejor medida: lanzarse sobre un terreno cultivado, recientemente arado. Allí no había nada más que tierra levantada, nada de vegetación para arder.

—Me tiré al suelo y me tapé la cabeza con una chaqueta de verano que llevaba y que sea lo que Dios quiera, eso es reaccionar en décimas de segundo y que sea o el bien o el mal. ¡No me acuerdo si pensé algo o no! Que pasaran las malas pulgas. Estuve allí una hora más o menos. Si no soy del pueblo no hubiera sabido qué hacer. Si las ovejas hubieran tenido tiempo se hubieran podido meter y salvarse, no dio tiempo, no dio tiempo, y también perdí dos mastines… Cuando pasa el fuego yo miro… y estaba todo ardiendo. Aquello era un infierno, que si lo hay, ahí estaba el infierno. No quiero ni recordarlo, hay que tirar para adelante, si caes moralmente te caes de culo. Yo no he necesitado ni psicólogo ni nada, aunque el médico de Tábara me lo ofreció.

El pastor logró llegar al coche, estacionado a la sombra de un árbol, pero no pudo arrancarlo: el calor lo había dejado inutilizado. Demetrio caminó, rodeado de cunetas ardiendo, los dos kilómetros que lo separaban del centro de Escober.

—Estuve quince días fatal por el humo, me costaba respirar. Al día siguiente una odisea con el seguro, papeles, no habíamos cosechado nada porque lo habían prohibido por el calor. Desde un despacho es muy fácil programar y se nos quemó todo, el seguro me ha favorecido más que la Junta. El dinero de la Junta no compensa, nos dieron unos tacos de paja y un porcentaje económico por daños, pero nunca te dan lo equivalente. Las ovejas comen todos los días.

También comen los buitres. Las cabezas muertas suponen un sencillo banquete para los carroñeros y todo un problema para sus propietarios. Los seguros exigen un inventario preciso del total de animales perdidos. Por tanto, por cada oveja desgarrada por los picos y las garras y por los astutos zorros, menor facilidad para remitirlo a la aseguradora y recoger los restos.

—Habría muchísimos buitres, qué sé yo cuántos, volando sobre mi ganado. Tuvimos que sacar a las ovejas de lo quemado y llamar a un camión de basura para la recogida de animales.

De todos modos, el perito desplazado para evaluar los daños de tantos ganaderos, agradece Demetrio, entendió la crisis y no se puso exquisito. Era por causa de fuerza mayor y no una triquiñuela para atracar a la aseguradora. Los tiempos evolucionan también en la ganadería y trabajadores como él pudieron mantener un registro más exacto de las bajas y supervivientes gracias al pendiente colocado en las orejas de las reses. Este número, así como un chip en el estómago, permite censarlas y responder o exigir por ellas. En quince días Demetrio había recibido la transferencia bancaria con la compensación.

En aquellas primeras jornadas tras la debacle, Demetrio hizo buenas migas con el perito de la aseguradora.

—No es por hacerte la pelota, pero nos tomamos una Coca-Cola o una cerveza, es todo lo que te puedo ofrecer, que aquí no tenemos bar —lo convidó Demetrio en aquellos días de evaluación de daños.

Poco a poco, cuajaron una conversación más profunda que las estrictamente profesionales y económicas.

—Ya estás mucho mejor —le remarcó el técnico, al tercer día.

Hace calor, las chicharras zumban y las moscas gozan de los excrementos ovinos. Él viste con un polo, unos ajados pantalones vaqueros y recias botas en los pies. La piel tostada por horas de faena bajo el sol. Lleva cuarenta y tres años cotizados, pero no tiene planes para jubilarse.

—¿Y qué hago yo si me jubilo?

La pirámide demográfica de Escober y de tantos núcleos poblados en la sierra de la Culebra o de entornos rurales propicia que Demetrio se catalogue a sí mismo en el grupo de los jóvenes. Por esos pueblos abundan los octogenarios y nonagenarios, lo cual baja notablemente el listón y los escasos habitantes de cuarenta años se convierten prácticamente en chavales. Bajo este criterio, los jóvenes como Demetrio se llaman a filas para combatir el fuego.

—La gente medianamente joven o que se valía nos quedamos y salvamos parte de las cosas. ¡Los de la UME…! Mira, yo hice la mili, la UME es un ejército igual que la mili, pero si el mando no les dice que actúen…

7. ANTONINO

El negro y el naranja se atrincheran en la memoria de quienes pasaron aquellos días en mitad del caos. Los nombres se van entrelazando en la trama y emergen personajes no tan secundarios durante aquella tarde-noche del domingo y el consiguiente lunes por la mañana. Antonio Andrés, alias Antonino, se ha convertido a sus sesenta y cinco años en una de esas figuras requeridas para configurar cada párrafo de esa historia.

Este hombre no tiene piel, tiene cuero. Su dermis, casi anaranjada por años de sol, se contrapone con la oscuridad de sus ojos, cabello y barba, por donde asoman algunas canas. El pastor se cubre la cabeza con un gorro gris y gasta un ajado mono azul, uniforme de guerra en el sector primario. Pasan unos minutos de las tres de una tarde de marzo de 2024, casi dos años después de todo aquello. Antonino vigila a sus cien ovejas sentado en la polvorienta furgonetilla que utilizó aquella noche para desenvolverse entre las llamas. En el asiento del copiloto, una pequeña navaja de mango de madera y eficiente filamento para atacar el embutido y el pan. De postre, una manzana toda vez que las uvas sorprendentemente resistentes desde la vendimia de octubre, proporcionadas por un vecino, ya se han terminado. Al lado, el cayado, el palo que usan los ganaderos con las reses.

—¡*Tirapallá!* —grita, o algo parecido, cuando tres de sus perros se aproximan al visitante. El hombre se comunica con los canes y el rebaño en un idioma ininteligible para quien no conoce los rudimentos del oficio, con jornadas y jornadas sin más conversación que balidos y ladridos. De la garganta brotan ruidos expertos en contener, o reclamar, el avance de sus animales. No se atisba humo, parece una tarde tranquila, todo lo contrario que aquella tarde loca con su Sesnández bajo el tsunami ardiente.

La habitual soledad del pastoreo tampoco faculta a Antonino para trazar un perfil preciso de Victoriano, su colega fallecido. El trabajo los hacía coincidir ocasionalmente entre praderas y hablar de vez en cuando. Allí se enteró de que Victoriano había pasado por una operación de hernia de la que seguía renqueante. Pese a ello, seguía pateando la sierra. La fatalidad quiso que el último día con vida de la víctima, horas antes del deceso, Antonino y Victoriano se cruzaran en el campo. Se vieron junto al paraje de Los Pozones, entre Escober y Sesnández, denominado así por la cotizada agua que emana también en el estío, cuando los veraneantes buscan el frescor en el merendero contiguo. Después del encuentro, Antonino partió hacia Sesnández y el fallecido Victoriano se encaminó a Escober, agujero negro del fuego.

—Las cosas como son, hostia.

Aquella tarde, la humareda le anticipó el probable destino de esa superficie e inició la siempre fatigosa tarea de desplazar las ovejas. Primero las animaba, junto a los perros y sus silbidos, para luego retroceder y alcanzarlas con la furgoneta. Así hasta casi la extenuación. Él reconoce, hablando casi sin separar las palabras y las sílabas, todo de seguido, que trató de moverse a escondidas por si la Guardia Civil lo trincaba. No quería despedirse de su ganado tras tantas décadas de faena, pero afirma rotundamente que en caso de urgencia las hubiera abandonado. Antonino había trabajado antaño como conductor de los vehículos de bomberos, época donde conoció al malogrado manguerista Daniel Gullón, y dominaba ciertas nociones para protegerse en caso necesario: asentarse, como hizo Demetrio, en un terreno arado y sin posibilidad de avance para el fuego.

—*Mecagoendiós* cómo venía, venía a una hostia… No quemaba, devoraba, macho. Lo hizo añicos todo. Gracias a san Antonio bendito que no se me quemó la nave.

La alegría de la supervivencia se ha diluido entre el pesimismo imperante en la comarca. El padre de Antonino quedó tocado y no pudo levantar cabeza después de la catástrofe ambiental de 2022. Tanto él como otros ancianos no asimilaban haber perdido el paisaje cuyas retinas habían contemplado crecer, con pinos majestuosos reducidos a astillas y condenados a camiones metálicos sin alma.

—Esto lo dejó hecho polvo —añade su hijo. Su progenitor, antiguo pastor como tantos antepasados de los Andrés, tenía noventa y un años cuando fue evacuado exitosamente a Riofrío, pero al regresar no logró aguantar la pena. Cuando las desgracias se retransmiten por televisión siempre causan cierto apuro, reconoce, pero al rato sigues igual como si tal cosa. Hasta que te pasa a ti y todo cambia. La causa oficial de la muerte del anciano fue el coronavirus, apenas unos meses después del incendio, pero la quemazón lo roía por dentro. Esa generación, explica Antonino, lo ha pasado particularmente mal porque ellos tuvieron que trabajar afanosamente para juntar unos ahorros y comprar esas pequeñas parcelas donde paciera su rebaño. Así, quinta tras quinta, sus herederos lograron prosperar, marcharse a las ciudades, graduarse en la universidad y labrarse un futuro lejos de la tierra que alimentó su sangre… ¡Antes se tenía más cariño a las tierras, la gente se crio aquí! Ahora sus hijos y sus nietos no tienen ningún interés por el campo, les da igual todo, se les olvida. Les ofrecen tres pesetas por las fincas y con el dinero se van unos días a la playa, qué más les da. ¡Lo que les costó a sus abuelos tener una tierra de estas!

Antonino se despide. Quedan unas cuantas horas de luz y de soledad. Horas más que suficientes para seguir con la mirada los andares de sus ovejas y regañarlas, si se exceden, con su lenguaje compartido.

8. ÁNGEL MARTÍN

La luz del sol se refleja sobre el inmaculado muro blanco del taller Lozano y Beato. La luz engalana unas flores amarillas y púrpura ante el saludo de la primavera de 2024, desentumeciéndose tras meses de capullos cerrados. En los cielos azules, algodonosas nubes perezosas. La hierba crece alimentada por aguas que forman pequeños cauces inimaginables aquel verano fatal, dominado por la sequía. La suave brisa acaricia las briznas de futuro cereal y ofrece paz y calidez. El verde gobierna como si nunca más fuese a amarillear por la canícula. Junto a la tapia hay un pequeño sendero, formado mediante las pisadas de personas que rodean el taller para adentrarse en la parcela donde Ángel Martín esquivó por primera vez la muerte antes de ceder varios meses después. Nadie chilla, nadie corre, nadie llora, nadie mira paralizado la destrucción y la violencia. Simplemente, no hay nadie.

El pequeño sendero lateral, afianzado sobre tierra más dura y pedregosa, impide hundirse en la papilla de tierra y lodo en la que esos campos de secano se convierten durante estaciones lluviosas. Los pasos desprevenidos hunden las botas en el fango hasta el tobillo. Chof, suena el calzado apresado al salir de la trampa. El viento doblega las flexibles espigas, de un palmo de altura, de nuevo con el sonido de las ráfagas como único acompañamiento sonoro, además del canturreo de unos pájaros, el graznido ronco de unos cuervos, el silbido lejano de los coches atravesando la nacional a la espalda y el ladrido rutinario de un perro del patio dejado atrás. Lo demás, silencio.

Algún árbol aislado, también castigado en 2022, permanece en pie y rompe la larguísima distancia visual hasta los montes desde donde el incendio se abalanzó contra Tábara tras fulminar miles de hectáreas y, en ese momento, dos vidas. Quedaban minutos para abatirse sobre la posterior cuarta víctima, Ángel Martín, horas después de haber malherido a la tercera, Eugenio Ratón.

El vallado donde quedó atrapado Ángel, visible desde lejos en una jornada despejada, pero oculto aquel 18 de julio por la humareda y el pánico, divide fincas sin ajetreo hasta que llegue la cosecha. Unos finos postes de madera sostienen la extensión metálica. Una cicatriz de asfalto rompe la monótona superficie, capilar gris de tres metros de anchura para conducir hasta las múltiples parcelas o granjas del entorno. Por ella, en dirección al centro de Tábara, a unos minutos a pie, se constata el capricho del fuego y la imposibilidad de predecir sus movimientos. Una finca abandonada, con una piscina sin uso ni agua más que la de lluvia, cuenta con un altísimo pino a su vera, dentro del recinto acotado por los tradicionales muretes de piedra. Medio árbol, tanto el tronco como la copa, permanece invariablemente negro, semicadáver; la otra parte, vigorosa y verde, superviviente: el frente, fugaz, no tuvo ni tiempo para engullirlo por completo y apenas flameó uno de los lados.

La carreterilla pasa al lado del descampado donde se asentó el batallón militar, los enormes vehículos de vigilancia forestal, las mesas con el rancho y los trípodes de la prensa. El regato corre, bien nutrido, hacia cauces mayores. Una niña juega con su madre y entre su jolgorio infantil, el carrito y una pelota azul relegan por unos instantes los recuerdos de la tensión sentida en ese descampado, con susto incluido cuando el vendaval cambió de dirección.

El rodeo deposita de nuevo en el taller, donde esperan apaños coches de todo tipo. Unos más viejos, resentidos tras incontables kilómetros por caminos de tierra; otros más recientes, de quien ha apostado por un buen vehículo para concluir con él su vida al volante. Dentro de una angosta oficina se ha colocado una foto enmarcada del incendio de 2022: el reconocible blanco de los muros se ve rodeado por el manto naranja y el negro, la nube terrible abatida sobre el negocio familiar, con las llamas acercándose sin piedad.

El sol caldea el interior de una amplia sala exterior acristalada, con un par de automóviles de exposición y algunas plantas decorativas. Suenan los aparatos mecánicos sobre los automóviles bajo la uralita del taller aledaño sin interrumpir la concentración de Miguel Lozano, volcado en la lectura, sentado ante una mesa donde hasta hace unos años cumplimentaba papeles y asesoraba a clientes. Miguel ya no rellena fichas y contratos, sino cuadernos con su meticulosa letra afilada, combinando bolígrafo azul, negro y rojo para escribir las reflexiones que le suscita la lectura. De papel a papel, el exmecánico invierte sus mañanas en leer y en saludar a quien pase por su puerta. Luego, a comer religiosamente a las dos de la tarde y sumirse en la siesta de quien aún anda recuperando energías tras años de faena. Ahora presume de los ochenta y deja a sus hijos el legado de su sudor mientras él disfruta con los nietos, las buenas conversaciones, la escritura y la literatura.

—Estoy teniendo que parar cada tres capítulos porque, uf, se me revuelve el estómago. Me duele, me duele, habla mucho de mi tierra.

La mirada del hombre atraviesa los vidrios de sus finas gafas para revelar con los ojos azules la impresión causada por *El holocausto español*, del historiador Paul Preston, sobre la represión en la guerra civil. Miguel, trotamundos de cuna extremeña antes de migrar a Zamora y montar el taller hace casi cincuenta años, traga saliva y aparca el tomo por un buen rato cuando se le manifiestan las intenciones de la visita.

—¿Tú quieres que yo te hable con toda la franqueza del mundo? —inquiere, alzando las cejas, aproximando el rostro al interlocutor. Pregunta que repetirá varias veces durante la charla por mucha respuesta afirmativa que se le dé—. Yo, como ya tengo una edad, te voy a hablar con sinceridad. Esto fue por dejadez. Se podía haber evitado. Se podía haber evitado. Menos política y más mirar por los pueblos, han dejado morir a los pueblos.

Frases cortas, contundentes, airadas, con drama, afable pero duro. El indeleble acento extremeño se tiñe de dolor. El hombre se pausa por unos segundos, calibrando cómo expresar los recuerdos que se baten en su interior.

—El pueblo de Tábara se tiró a los caminos con palas, con azadas, con todo lo que pudieron. Cavaron y no se metió para Tábara, porque si se mete se lo lleva por delante, aún hay casas de adobe y naves. Desoyeron la orden de la Guardia Civil porque temían perder lo poco que tenían. Ángel Martín dio la vida por salvar al pueblo, porque cogió la máquina suya, la retroexcavadora, para hacer cortafuegos, no había nadie más. Y claro, a la velocidad que venía el fuego… La máquina tenía una puertecita en la parte de atrás del tractor, el cristal se le había roto y se lo íbamos a poner nosotros. Él vio el fuego y se tiró del tractor, que es lo peor que hizo, y no sabía que había una alambrada a veinte o treinta metros. Quizá se habría salvado de quedarse. Quiso saltar la alambrada y ahí se quedó. Era amigo de mi hijo y eso se lleva muy mal. Muy mal, muy mal, muy mal.

La familia del difunto ha declinado pronunciarse durante todos estos meses, tampoco para esta crónica. El dolor lo llevan dentro. La familia no ha recibido ninguna indemnización porque, se les explicó, Ángel se metió voluntariamente en el fuego, se trató de un accidente y no hay responsabilidades por atribuir ni subsanación por obtener.

Eugenio Ratón —la víctima que falleció por las quemaduras provocadas mientras huía con su padre en coche— también era un cliente habitual de los talleres de Lozano. La historia de su escapada truncada estremece al patriarca del negocio.

—Es que era su padre. ¿Cómo no va a ir? ¿Tú crees que sabía a lo que se enfrentaba? No, pero hay que ir. Si pierdo a mi padre igual me pierdo yo también. Esto hay que vivirlo, no contarlo. Hay que estar aquí.

Una casa alta se alza junto al taller donde Miguel se despide cariñosamente. Los inquilinos del inmueble se quedaron como proscritos, intentando proteger el hogar pese a las órdenes de desalojo de la Guardia Civil. En esa casa vive Petri Vara, quien ha cumplido sesenta y dos años sin lograr olvidar aquella pesadilla, en sus sueños, en su duermevela, inoculándose entre sus últimos pensamientos antes de dormir, todavía inquieta cuando se le caen los párpados.

El diálogo transcurre en el salón familiar, donde ella se entretiene de las rumiaciones con mañosa costura.

Desde la azotea contemplaron el incendio cabalgando hacia Tábara aquel 18 de julio. Sus hijos, Mariyer y Pedro José, habían humedecido las paredes con la manguera. De pronto, vieron una figura humana quemándose, huyendo del humo que invisibiliza lo que ocurría a apenas unos metros. Era Ángel, aunque entonces nadie lo sabía. Petri asistió con pavor a cómo su hijo Pedro José, bombero forestal recién llegado después de agotarse durante la noche, se enfundó el traje, se empapó las ropas, se subió la braga técnica para taparse la cara y se puso el casco antes de echar a correr hasta la alambrada que atrapaba a Ángel, tumbarla a patadas y cargarse a la espalda a la víctima, irreconocible en ese momento. Ni imaginaba que era su amigo.

—No hay día en que no lo recuerde, fue detrás de mi casa donde se quemó, vas por el camino y se te viene la imagen. Estoy como si fuera hoy, no se me ha pasado nada. Mi hijo fue a salvar a una persona sin caer que era Ángel, teníamos mucha amistad con sus padres y ellos se llevaban muy bien, lo quería mucho. Mi marido decía: «¡Hay un hombre quemándose, hay un hombre quemándose!».

«¡¿Dónde vas, Pedro José?! ¡¿Dónde vas, Pedro José?!», se desgañitaba la madre contemplando a su hijo abalanzándose sobre el horror. Luego él le explicó que, con ojo clínico, había estudiado rápidamente ese tramo y elegido el camino de la orilla para no meterse de pleno en el foco. Además, reparó en una especie de cuneta sobre la que tumbarse si el foco pasaba por encima.

—Hasta el mejor nadador no quiere el agua —rebate la mujer, desconfiada, casi dos años después.

El bombero logró rescatar a Ángel, pero, más allá de esas primeras conversaciones con Petri, no ha vuelto a sacar el tema. Se quedó tan marcado que no quiere recordar nada, nunca lo oyen comentar nada, no hay encuentro familiar donde se aborde este tabú, sobrevolando la mesa.

—Tenía los ojos como exaltados, estuvo todo el día nervioso, con los ojos como una bombilla. Él nunca recuerda nada.

La catástrofe continúa presente tanto por omisión como por mera visión cotidiana. Ella, aficionada a salir a andar o a correr, tiene clavada la belleza vegetal del entorno, ahora desmantelada. De aquellos bosques solo quedan tocones y árboles tirados. Los troncos inútiles para aprovechamiento maderero prosiguen, anclados, como soldados congelados, caídos en batalla y olvidados por sus tropas en retirada.

—Ves los camiones que parece que están transportando cadáveres todo el rato. Los ves con los pinos cortados… A mí se me va el alma.

Petri Vara conocía con exactitud la riqueza medioambiental de la Culebra por motivos laborales, pues trabaja en la ruta escolar que atraviesa diariamente esos parajes. Así ha podido constatar el tremendo daño causado en la sierra, principalmente a través del oído. Antes escuchaba el palique de las aves o su aleteo para posarse en ramas ahora desnudas o caídas. A veces oía el trote de ciervos o corzos alejándose de la presencia humana. Los conejos o roedores se escabullían entre los matorrales mucho antes de que a ella le diera tiempo a girar el cuello. El zumbido de los insectos acreditaba el vergel de flores silvestres, libadas por las abejas de los apicultores. Ahora es todo silencio. No hay masa forestal donde establecer el hábitat de esta cadena trófica. Los herbívoros se desplazan buscando brotes; por ende, los carnívoros, los zorros, las jinetas o esos últimos lobos cambian de ruta. La zamorana ha dejado de avistar gatos monteses o ardillas y la fauna mermada solo le ofrece corzos o jabalís, despistados, sin escondite en los bosques. El componente emocional la abrasa al rememorar cómo sus padres se conocieron en aquellas plantaciones a mediados del siglo pasado, él como capataz y ella en las cuadrillas.

Los paseos de Petri evidenciaban otra copla infinitamente reiterada: el campo estaba abandonado. La mujer alza la voz para censurar cómo en algunos tramos apenas podía caminar diez metros seguidos por culpa de ramas caídas, árboles secos, podridos y derrumbados o matojos entrelazados con varios metros de altura. Algún día, agrega, ella misma se vio atrapada por el forraje y le tocó arrastrarse, a cuatro patas, por tramos abiertos por los jabalís. Los troncos se caían con frecuencia e interrumpían los carrilitos dibujados por los ciervos. Las jaras y el brezo habían conquistado la superficie forestal, sinónimo de combustible fácil. Todos los factores se conjugaron.

—El tema de conversación está en tu mente contigo mismo, con la gente ya no lo hablas. En tu cabeza sabes lo que había ahí o lo que pudo ser. Eso no te lo quita nadie.

El pesar se aferra a quienes mejor conocieron el esplendor de la sierra. A Miguel aún le duele cuando él y los suyos alzan la mirada y, tras el trampantojo de la hierba fresca, confirman que el suelo sigue negro y que las colinas antes tupidas han perdido miles de árboles. Habrá un importante salto generacional hasta que vuelva a verse el esplendor anterior. Muchos de quienes miraron el crecimiento de esos pinos o castaños habrán muerto y los testigos serán los escasos sucesores fieles al campo y resistentes al éxodo rural.

Miguel ha asistido esa mañana de primavera a un tanatorio del cercano Faramontanos de Tábara, donde la muerte impera en las conversaciones de los veteranos del lugar. Allí coincidieron varios ganaderos próximos a la jubilación, que han vendido sus pequeños rebaños a los escasos grandes empresarios de ganado, pues sus hijos ni quieren seguir la estela parental ni estos quieren empujarlos a esa vida de penurias. El concepto de pequeño pastor va camino de evaporarse, los minifundios fantasmagóricos mueren. El sector primario flaquea y con ello aumenta el riesgo porque nadie cuida del monte. Lo de siempre. El desánimo se palpa hasta en el físico, hasta en la postura corporal. Un señor mayor, encorvado, enfila hacia el taller, serio, adoptando una adusta mueca al saludar. Miguel suspira.

—La gente… se muere de pena pensando en lo que ocurrió, lo que se habría podido evitar y no se evitó por caprichos de la política. ¿Por qué está decaída la gente? Te lo voy a decir yo. No creemos en los políticos porque han dejado abandonados a los pueblos y al personal que está en los pueblos. Dicen que van a poner cosas y luego… ¡todo es mentira!

LAS PROMESAS

Son todo parches

1. ERRATAS

Los responsables de la cuenta de Twitter del presidente de la Junta de Castilla y León, Alfonso Fernández Mañueco (PP), escribieron mal el nombre de Daniel Gullón Vara cuando publicaron el siguiente mensaje a las 22:54 del 17 de julio, al poco de confirmarse el deceso del brigadista: «Sobrecogido por la muerte en acto de servicio de Daniel Muñoz Varas (sic) mientras luchaba contra el incendio de Losacio, #Zamora. En señal de respeto y como muestra de dolor, desde la @jcyl [Junta de Castilla y León] declaramos luto oficial mañana. Mi profundo cariño y total apoyo a su familia y compañeros #DEP».

Mañueco y su responsable de Medio Ambiente, Juan Carlos Suárez-Quiñones, habían sido recibidos con insultos y patadas al coche oficial cuando visitaron Villanueva de Valrojo, uno de los municipios afectados por el primer incendio, de junio, en la sierra de la Culebra. La Junta tomó nota y semanas después, tras el incendio de Losacio, no mandaron a ningún alto cargo autonómico. Sí visitaron la comarca el ministro del Interior, Fernando Grande-Marlaska, que fue abucheado y hostigado en un bar de Pozuelo de Tábara, donde paró a comer con su comitiva, o la de Defensa, Margarita Robles, esta última sin incidencias. El rechazo social obligó al presidente autonómico a entrar por una puerta lateral a la catedral de Zamora, donde se celebraba una misa por los fallecidos.

Las catástrofes de Zamora habían tenido un anticipo en Navalacruz, al sur de Ávila, en agosto de 2021, cuando ardieron unas 22 000 hectáreas. Mañueco prometió entonces «reflexionar» sobre lo ocurrido. «La naturaleza nos está sometiendo a condiciones extremas y tenemos que estar cada vez mejor preparados», sostuvo, y prometió «una reflexión interna de cara al futuro [...] para aprender y actuar con mayor rapidez y de mejor manera». Aquellas buenas palabras no se tradujeron en refuerzos para los dispositivos contra los incendios.

En los días posteriores a las tragedias forestales de Zamora, el presidente acusó de los males a presuntos pirómanos: «Están intentando quemar Castilla y León». Los tozudos datos, tan eficaces para desmontar los tópicos, sostienen que solo tres de los diecisiete grandes incendios de 2022 (que afectaron a más de 500 hectáreas) fueron provocados. Por su parte, el consejero de Medio Ambiente, Juan Carlos Suárez-Quiñones, culpó al «ecologismo radical» de los incendios de la Culebra.

El entonces vicepresidente autonómico, Juan García-Gallardo (Vox), se fotografió, tras el primer incendio, tocando las cenizas, agachado, vestido con una elegante chaqueta, un formal pantalón clarito y zapatos de ante. Prometió cinco millones de euros para «contratar a aquellos desempleados que quieran ayudar a limpiar los bosques y prevenir así los incendios. Se debe limpiar el campo en invierno para prevenir los incendios en verano». Los bomberos respondieron. Primero, que lo normal en esta vida es contratar desempleados, no personas ya trabajando. Lo segundo, que entonces todo vale: ¿de qué sirven su formación y sus conocimientos si se les iguala con cualquier persona a la que un lunes llaman para desbrozar? ¿Dónde queda su escaso prestigio profesional si se expresa a la opinión pública que cualquier persona puede ejecutar la gestión forestal? En cualquier caso, no se ha vuelto a saber nada de esa campaña.

García-Gallardo escribió solemnemente vía Twitter el 20 de julio de 2022, con la sierra todavía quemándose, este compromiso: «No hemos entrado en el Gobierno para hacernos fotos y quedarnos de brazos cruzados, sino para gobernar y tomar medidas que ayuden a los castellanos y leoneses que tanto están sufriendo por culpa del fuego».

La Consejería de Cultura, Turismo y Deporte, comandada por Gonzalo Santonja (entonces, bajo las siglas de Vox; ahora, en el momento de escribir estas líneas, en 2024, como independiente), quiso recaudar fondos aprovechando el paso de la Vuelta Ciclista a España por Castilla y León en la edición de 2022. Así, idearon un sorteo de maillots firmados por el ganador de 2018, Simon Yates, y por el ciclista Alejandro Valverde el año de su retirada. Otro premio sería una noche de hotel en Madrid con dos entradas especiales para la etapa final. Para participar había que aportar al menos dos euros a una cuenta abierta para recopilar donaciones. Recaudaron 250 euros.

Poco después, García-Gallardo pregonó en sus redes sociales el gran evento del otoño de 2022: «La Consejería de Cultura, Turismo y Deporte organizará en otoño en Zamora un gran concierto benéfico con artistas de primera línea para ayudar a los perjudicados por el fuego», indicó. Una nota de prensa posterior aludía a fichajes de renombre «dispuestos a actuar en un evento musical de grandes dimensiones».

Otoño pasó sin concierto alguno y hubo que esperar a la primavera para escuchar nuevas fábulas. El 5 de abril de 2023 a Gallardo se le llenó la boca: el 3 de junio, Villardeciervos acogería un «concierto solidario» con «entrada gratuita» en el que no se recaudaría ni un euro. «Hoy terminamos cumpliendo:

anunciamos un concierto solidario para los vecinos de Zamora y hoy lo presentamos. Somos coherentes. Decir para luego cumplir», se pavoneó.

Olvidada la reparación económica, se centraron en la «reparación moral» a través de un concierto. Los «artistas de primera línea» serían Fangoria, comandado por Mario Vaquerizo; el «pedazo de DJ» Fonsi Nieto; la banda Marlon, una de las predilecciones personales del vicepresidente, según confesó; y los grupos locales Markfeel (Zamora) y Naïa (Valladolid). Presupuesto: 160 000 euros. Como apunta Lucas Ferrero, de la asociación La Culebra no se Calla, no había dinero para subvenciones y reparaciones, pero sí sobraban fondos para festivales.

El proyecto de Gallardo saltó a los medios nacionales y empezó el runrún: Markfeel y Naïa renunciaron, Marlon y Fangoria lanzaron comunicados aludiendo a «información errónea» y reprochando haber sido incluidos en el cartel sin haber firmado los contratos. El «pedazo de DJ» Fonsi Nieto se quedó solo y el proyecto se esfumó.

2. "DESPILFARRO"

Nadie puede impedir una tormenta seca de vientos huracanados, temperaturas brutales o rayos cayendo sin agua, pero sí se pueden reducir sus consecuencias catastróficas. «Los incendios se apagan en invierno» es el mantra de los bomberos: solo con prevención, desbroce, limpieza de montes abandonados, quemas controladas y la preparación de cortafuegos o infraestructuras adecuadas se podrá atenuar, nunca eliminar plenamente, el impacto de los potenciales desafíos estivales.

El principal contingente de brigadistas de Castilla y León solo está completamente activo en los meses de verano. Desde que ardió Zamora en 2022 ha circulado sin parar una entrevista a Suárez-Quiñones en *El Mundo-Diario de Valladolid* publicada el 4 de marzo de 2018. Le preguntaron por la histórica petición de los forestales para ampliar sus periodos de contratación y mejorar así la prevención de incendios. Quiñones: «[Tener] El mismo operativo todo el año, de ninguna manera, es absurdo y un despilfarro. Sería tirar el dinero público que es de los castellanos y leoneses. El operativo tiene que estar como tiene que estar. Tiene que haber una base suficiente anual que mantenga la situación». La hemeroteca suele rondar al alto cargo: unos pinchazos telefónicos de la Policía Nacional en 2018 en el marco de la Operación Enredadera, sobre corrupción municipal, captaron esta frase del consejero mientras discutía la asignación de unas obras públicas con el constructor burgalés —afín al PP y propietario de parte de un conglomerado mediático autonómico— José Luis Ulibarri:

—La Administración soy yo.

Tal historial ahonda en la animadversión que le profesan las cuadrillas mileuristas. Lo que para el consejero es despilfarro para ellos se resume en dos puntos: extender el servicio todo el año y equiparar sus condiciones laborales a las de territorios como Castilla-La Mancha, Aragón, la Comunidad Valenciana o Extremadura (autonomías de distintos signos políticos). Este discurso crítico guarda otro eje en la despoblación. Subrayan los implicados que la sangría demográfica podría aliviarse si las dotaciones obtuvieran buenas condiciones y se asentaran en esas localidades rurales todo el año. De este modo, se podría atraer a familias jóvenes a pueblos envejecidos.

Tábara tenía más de 1700 pobladores en 1950 y actualmente batalla por conservar los 750; en ese mismo periodo, Villardeciervos ha perdido la mitad de sus habitantes. En 1950 Losacio rebasaba los 600 habitantes y ahora no llega al centenar; entre Escober de Tábara, Ferreruela de Tábara y Sesnández de Tábara rozaban los 1650 y en 2024 se conforman con una cuarta parte.

En la provincia de Zamora viven unas 166 000 personas, menos que en algunos distritos de Madrid. La provincia ha perdido casi la mitad de su población desde 1950, un 10 % en la última década. El INE vaticina que Zamora seguirá liderando el descenso poblacional hasta 2033, cuando las tasas sean tan bajas que queden pocos por hacer las maletas, como sucedió anteriormente con Soria. La pirámide demográfica acentúa tales sospechas: apenas uno de cada ocho zamoranos es menor de veinte años.

Los movimientos humanos hacia las urbes impactan sobre el campo. Entre 2010 y 2023 la provincia de Zamora ha perdido unas 14 000 hectáreas de superficie cultivada. Esto se traduce en más terreno sin atención humana y a un aumento de la masa forestal: no significa que donde antes había campos de cereal ahora haya frondosos bosques, sino que las extensiones se han cubierto de árboles descontrolados, sin estrategias eficientes para su desarrollo o explotación. Desde 2002, Castilla y León ha perdido unos dos millones de ovejas y cabras. El resultado es que el sotobosque (escobas, zarzas, jaras, matorrales y demás vegetación), antaño engullido por las reses o desbrozado por los caprinos, se expande ahora en forma de más yesca para las llamas.

Zamora acumula ahora un 20 % más de superficie forestal que cuando comenzaron las mediciones en 1964. El 96 % de los términos municipales de Ferreras de Abajo, cuna de Daniel Gullón; el 87 % de Villardeciervos, sede de los bomberos; o el 76 % de Tábara, origen de Ángel Martín, se encuentran cubiertos por esta superficie forestal en su mayoría desatendida, según el Inventario Forestal Nacional del ministerio de Transición Ecológica.

La tendencia resulta similar en toda Castilla y León. El 8 de abril de 2024 la cuenta de X, antes Twitter, @naturalezacyl —canal oficial de Medio Ambiente para informar sobre incendios o atender consultas de periodistas vía WhatsApp— difundió este mensaje: «Castilla y León es la comunidad más extensa de España y la que más superficie forestal tiene, con 5.1 millones de hectáreas. Tiene más bosques que diecisiete países miembros de la Unión Europea. En los últimos treinta años nuestra superficie forestal ha aumentado casi un 22 %». Después, invitaba a la interacción de los usuarios con el portal de datos forestales de Castilla y León, basado en información ministerial y enlazado tras este contenido: «¿Quieres saber cuánto ha aumentado la superficie forestal de tu provincia?». Una cuenta de bomberos abulenses respondió: «¿Y cuánto es la superficie forestal que se mantiene adecuadamente? ¿Cuál es la superficie afectada en los últimos cinco, diez, veinticinco años?». No obtuvo réplica.

El 22 de marzo de 2024 el consejero de Medio Ambiente asistió a la presentación del portal de datos forestales de Castilla y León. El político destacó las más de 5.1 millones de hectáreas de terreno forestal de la comunidad y la posicionó «como un referente nacional en el ámbito forestal». Quiñones se recreó con las altas capacidades del sector: «El sector forestal conserva, gestiona y pone en valor todas estas potencialidades de nuestros bosques y las traduce en numerosos beneficios para la sociedad, impulsa la economía regional, proporciona oportunidades empresariales y de trabajo, genera empleo y fija población en el medio rural».

—Es ridículo. Presumen de unos datos que no son buenos y encima no son actuales. La Junta en estado puro —se ríe un brigadista de Villardeciervos.

El PP gobierna la comunidad desde 1987; primero bajo el sello de Alianza Popular, de 2019 a 2021 en coalición con Ciudadanos, con Vox desde 2022 y en solitario desde la ruptura del pacto en 2024.

La Junta de Castilla y León destinó en 2022 65 millones de euros para la gestión de los incendios forestales, la misma cantidad recogía los presupuestos de 2018, prorrogados desde entonces por falta de acuerdo político. Castilla y León poseía en 2022 hasta 4.81 millones de hectáreas forestales, esto es, la Junta invertía 13.65 euros por hectárea al año. Otras regiones dirigidas por el PP como Galicia o Andalucía multiplicaban las inversiones ese mismo ejercicio: los presupuestos gallegos concedían 180 millones para estas tareas (88.2 euros por hectárea forestal) mientras que los andaluces destinaban 175 millones (39.2).

Las cifras. Las guerras de cifras. Siempre hay una manera de darle una vuelta a una cifra.

Por ejemplo: Andalucía tiene 8.4 millones de habitantes y un presupuesto de 47 mil millones; y Castilla y León, 2 millones de habitantes y un presupuesto de 14 mil millones.

Dicho de otra manera: sobre el total del presupuesto, el esfuerzo de Castilla y León en extinción y prevención de incendios es más fuerte que el de Andalucía.

Otra forma de verlo: los cuidados forestales requieren especial atención en una comunidad despoblada, más extensa que Portugal y la tercera más grande de Europa, solo superada por Övre Norrland, en Suecia, y Pohjois-Suomi, en Finlandia, regiones prácticamente árticas y escasamente habitadas.

Otro dato: un tercio de las 310 000 hectáreas devastadas por fuegos en España en 2022 pertenecían a Castilla y León (60 000 de esas hectáreas ardieron en los dos incendios de la sierra de la Culebra), que destruyeron el 6 % de la provincia de Zamora, 620 kilómetros cuadrados, una superficie más grande que la ciudad de Madrid.

La Asociación Profesional de Agentes Medioambientales calcula que apagar una hectárea en situaciones extremas cuesta unos 6000 euros. Bajo esta ponderación, las labores en julio de 2022 en la sierra de la Culebra hubieran requerido unos 180 millones de euros. Los sindicatos calculan que regenerar las áreas carbonizadas costaría otros 150 millones. Tras el incendio de Losacio, Mañueco prometió 35 millones para ayudar a las zonas más dañadas.

El Ejecutivo autonómico ha destinado a los municipios afectados, desde 2022 a abril de 2024, un total de 53 768 369 euros entre todas las consejerías. Es decir, algo menos de 900 euros por hectárea quemada ese verano en Zamora. Distrito Forestal —un portal informativo especializado en incendios y gestión forestal— estima que el gasto para garantizar la regeneración boscosa debería ser de, al menos, 5000 euros por hectárea.

La batalla de cifras, millones e inversiones debe ir acompañada de gestión, repite José Manuel Alonso, miembro de la Plataforma de Asociaciones y Sindicatos de Bomberos Forestales (PASBF). De poco sirven las promesas políticas y el aumento del gasto si ese caudal no implica mejor administración de recursos, esgrime Alonso.

—Castilla y León es la que peor está porque es la comunidad con más hectáreas forestales, con más provincias que desestructuran el servicio porque cada una va a su rollo. La gestión es totalmente nefasta, puedes meter mucho dinero, pero sin mejorar la gestión, de poco sirve. La solución es muy simple: gestionar esos recursos, y que no se troceen entre empresas privadas. Eso es reparto y no gestión. Aumentar el presupuesto está muy bien, ¿pero dónde?, ¿en saco roto? El dinero no llega al personal. Cuando llegan los incendios no hay gente ni tienen formación o equipamiento. Un dispositivo de emergencias, como la Policía Nacional, no está cuatro meses y luego se va a la calle. Ni el Ejército tampoco.

Alonso pone como ejemplos de buena praxis a Galicia, Andalucía o la Comunidad Valenciana, también gobernadas por el PP, como en Castilla y León.

—Galicia está trabajando bien. Los compañeros han peleado para mejorar el servicio y han tenido suerte de que ha habido personas dentro de la Xunta que han apostado por un operativo como es debido, con gente de confianza que lo hace bien. Incluso ellos mismos investigan en equipamiento o herramientas. ¡Diles tú a los de Castilla y León que investiguen algo, no tienen tiempo ni les dan confianza! No es solo la inversión, que es importante, sino el procedimiento y el personal de gestión.

Alonso carga también contra la privatización de los operativos (de los 4659 efectivos desplegados en Castilla y León en el verano de 2024, la mitad eran subcontratados): esas concesiones, argumenta, dificultan el músculo común en forma de asociación sindical para reclamar mejoras o alzar conjuntamente la voz.

En septiembre de 2022, una legión de bomberos vestidos con sus monos de trabajo y cascos caminó unos 150 kilómetros entre el epicentro del incendio de Losacio y las Cortes de Castilla y León, en Valladolid. La comitiva llegó al Parlamento autonómico en la medianoche del 30 de septiembre al 1 de octubre, portando una foto enmarcada de Daniel, vestido con su buzo. «Ni olvido ni perdón», rezaba la convocatoria. Bengalas, motosierras y batefuegos recreaban la sensación de un incendio ante la tranquila sede de la soberanía popular.

Mientras los bomberos marchaban hacia Valladolid, la Junta anunció un plan de mejora de condiciones laborales. En esa ruta por arcenes de carreteras provinciales y caminos entre paisajes desolados, cargados con sus mochilas, batefuegos y la foto enmarcada de su compañero, bajo el aún caliente sol de septiembre, mi teléfono sirvió como soporte para que aquellos bomberos conocieran (y discutieran) las líneas maestras del documento recién publicado por la Junta. Mi móvil pasó de mano en mano mientras los bomberos escudriñaban cada párrafo, cada dato, pidiendo contrastarlo con convenios y normas anteriores. El plan hasta entonces vigente se firmó en 1999, otra era económica, tecnológica y climatológica. La Junta prometía aumentar la inversión hasta los 130 millones de euros anuales para 2025. «La estabilización del personal del operativo y la mejora de sus prestaciones y condiciones de trabajo recibirá 86 millones, 54 de ellos para el personal de carácter público y 31 para el de empresas privadas». Algunos lo vieron con buenos ojos; muchos otros desconfiaban porque esos días seguían llegando cartas de despido, abriendo el eterno ciclo de espera hasta mayo o junio para saber si los reclutaban de nuevo. Dos años después, el tiempo ha dado la razón a los pesimistas.

Un mes después de la marcha a Valladolid, los forestales colgaron en redes un vídeo, obra de Cristian Carrascal, en el que se escucha una voz femenina diciendo:

—Buenos días a todos. Pasamos un parte. Daniel Gullón.

«Para algunos son solo cifras…, para otros, una pérdida irreparable», rezan unas palabras en blanco sobre fondo negro mientras se escucha el sonido de las radios, sin respuesta.

—¿Daniel Gullón?

Entonces se intercalan tres voces femeninas y tres masculinas para responder:

—Buenos días, sin novedad en Robledo, soy Daniel Gullón.

Mismo mensaje, distintos emplazamientos, sin novedades en El Raso, Ermita de Gracia, Mahíde o Villarino, todas ellas asentamientos de bomberos en Zamora. «TODOS somos Daniel Gullón», se lee mientras sigue sonando el sistema electrónico y una música emocionante emerge del vídeo. «Descansa, compañero», finaliza la secuencia antes de pasar a imágenes del documental *La vida en llamas*, del periodista David Beriain (asesinado en Burkina Faso en 2021), donde otra voz reflexiona sobre el peligro del fuego y lanza una pregunta tan frecuente en el mundillo: «¿Merece la pena?».

Daniel Gullón tenía sesenta y dos años y trabajaba bajo el modelo de «fijo-discontinuo», esto es, tras deslomarse de junio a septiembre tenía que buscar otro trabajo para el resto del año, sin la garantía de volver al dispositivo en la siguiente campaña. Los profesionales se han acostumbrado a la paciencia. Los meses fuera de campaña desempeñan ocupaciones de todo tipo. La plantilla vuelve a casa y lo mismo uno regenta una carnicería que otro se coloca como albañil y recicla las mañas aprendidas cuando, mientras aguardan órdenes, les encargan arreglar los desperfectos de esas destartaladas bases. Muchos aprovechan para estudiar Ingeniería Forestal o preparar oposiciones para las Brigadas de Refuerzo de Incendios Forestales (BRIF), pertenecientes al Ministerio de Transición Ecológica y donde cuentan con contratos mucho más favorables. Con suerte, dejarán la comunidad: en Castilla y León cuentan con un salario base de unos 1000 euros mensuales más los escasos pluses de peligrosidad y nocturnidad u horas extra. Sus colegas valencianos ganan hasta 1800 euros.

—¿Quién se quiere ir a currar ocho horas al día con la motosierra en agosto y luego salir a incendios por 1030 euros? —se pregunta un peón en Soria.

Daniel Gullón trabajaba como «peón forestal», una categoría con unas condiciones laborales inferiores a las de un bombero: cobran menos dinero, no acumulan antigüedad en su puesto y apenas pueden elegir destino. Bomberos forestales de sentimiento, peones en el ajedrez de la contratación pública. El concepto «Bombero» no aparece en los recientes convenios de la Junta, pues solo aluden a técnicos, peones, oficiales o auxiliares. La única mención a tal término se produce en el convenio aprobado el 21 de junio de 2023, que apenas recoge una mejora de las condiciones. Tampoco en el convenio de la empresa de subcontrata Tragsa, una de las beneficiarias más habituales, aparece el vocablo «bomberos». Los regates en la terminología agotan a Javier Yáñez:

—El contrato que tenía Daniel era como el de un jardinero, como los que limpian las cunetas de la carretera para la Diputación. Yo soy oficial de primera, conductor del operativo de extinción de incendios, te llaman de cualquier manera para evitar llamarte bombero forestal.

«Mi madre me pide todos los días que lo deje», musitaba un forestal semanas después de la tragedia. Varios miembros de esos retenes en la Culebra recuerdan jornadas eternas de dieciocho horas desfondándose y sin apenas descanso en los pabellones o polideportivos habilitados para que durmieran algunas horas y comieran algo antes de lanzarlos de nuevo a las llamas, aún tosiendo tras respirar humo durante demasiadas horas. No les gustan los epítetos épicos como «héroes» y alabanzas superfluas cuando saltan a las portadas y los informativos transmiten sus penurias: ni tienen sueldo de salvadores ni muchas veces la capacitación apropiada. La viralidad en redes sociales o el protagonismo fugaz en medios de comunicación de poco sirve si no acarrea mejoras sustanciales o presión sobre los políticos. Como ejemplo, un corzo: el vídeo de una cuadrilla, entre ascuas, dando agua a un venado desorientado, agotado por el humo, se propagó virtualmente más rápido incluso que las llamas que combatían. Las reacciones de ternura ante el animal abrevando de la botella de plástico se disiparon con la misma velocidad que el sentimentalismo despertado.

Los brigadistas deben estar siempre listos para entrar en acción, incluso los días de descanso. Salir corriendo de su hogar, dejar de jugar con sus hijos en el parque, abandonar el supermercado o dejar la película en el cine a medias. El precio de esa disponibilidad constante tiene un precio: tres euros diarios.

Suficiente para comprarse un refresco antes de entrar al cine, pero no para palomitas. Sí les da para los regalices rojos.

Las tablas económicas del convenio colectivo para el sector de actividades forestales, aplicado a las subcontratas y publicadas por la Junta el 15 de marzo de 2022, cuatro meses antes de la catástrofe, establecía estos sueldos durante 2022: para los titulados superiores, 20 176.78 euros anuales, a 10.66 euros la hora y 15.99 la hora extra; para los peones, 15 426.33 euros, esto es, 8.15 euros la hora y 12.23 la extra. Esas condiciones mejoraban muy sutilmente en 2024: la cúspide de esa pirámide laboral recibiría 21 462.48 euros al año y 17.04 por hora extra; los peones, 16 399 euros anuales y 13.03 por hora extra. Los pluses de nocturnidad y peligrosidad ascendían de 2 euros a 2.20 euros; el de disponibilidad de jornada subía de 3 a 5 euros.

—¿Por qué una persona tiene que estar a pie de llama con ese contrato?

Una normativa nacional de 2021 recoge tablas con las «indemnizaciones por los accidentes ocasionados a las personas que hayan colaborado en trabajos de extinción de incendios forestales». Las tarifas oscilan según la gravedad del accidente. La muerte se paga con 54 450 euros, 34 410 euros si hubiera extremidades amputadas o 250 euros en caso de heridas leves.

—A mí eso no me paga la falta de nadie —sentencia Manuel.

Hasta en la ropa notan las miserias. Los brigadistas denuncian que las empresas contratadoras no les renuevan el material, ni siquiera cuando este sufre desperfectos. Los brigadistas solo cuentan con un traje específico para la campaña, su buzo amarillo cada semana menos amarillo y más grisáceo y desgastado, y tienen que pasar largas jornadas sin un repuesto. Ni en casa logran desconectar: en las bases de la Junta no hay casi nunca lavadoras. Así, deben limpiar el buzo en sus domicilios, arriesgándose a que componentes cancerígenos adheridos a las prendas queden en el electrodoméstico y en sus hogares.

Los cascos son «de obra», sin ventilación; los gruesos guantes resultan más aptos para un soldador que para quienes requieren cierta movilidad o tacto en los tendidos de manguera. Como uniforme, disponen de apenas dos o tres camisetas corporativas, que deben llevar siempre puestas, en abrumadores turnos físicos de cuatro, cinco o seis días seguidos. Acaban apestando. Un antiguo empleado en una cuadrilla terrestre recuerda la prohibición de parar a comer en áreas recreativas, aunque estuviesen cerca de su punto de acción, porque «daba mala imagen» y debían esconderse en el monte para almorzar.

—Es de coña.

Los profesionales también han denunciado la pésima calidad de los trajes. Uno de ellos actuó aquellos días con unas largas y gruesas medias a modo de protección extra para las piernas porque su único buzo no protegía óptimamente del calor. Esta capa no prevista acarrea mayor deshidratación y, por consiguiente, más peso en la mochila para beber cuando corresponda. Las bandas reflectantes de los brazos, de plástico, fundamentales para ser distinguidos entre la oscuridad, acumulan tanta temperatura que se les pegan a los brazos y les causan llagas. Por eso en el equipamiento de este brigadista no faltan cremas para protegerse de las quemaduras, también financiadas de su sueldo. Además de los sabrosos regalices rojos.

Estos obreros del fuego exclaman que ni siquiera sus oficinas, esas bases forestales desperdigadas por las provincias, cuentan con unas condiciones mínimas para facilitarles la tarea.

En las bases helitransportadas compatibilizan sus entrenamientos físicos y tácticos con chapuzas de mantenimiento impropias de la responsabilidad del puesto: estos brigadistas han podado el seto que protegía la base, y se han fajado con cemento y hormigón para levantar un muro. Si de repente suenan las sirenas, estén o no con las herramientas en la mano, han de irse.

Las unidades de tierra funcionan bajo la condición de poder ser movilizadas para apagar un incendio si se encuentran en horario laboral. O sea, pueden llevar casi ocho horas de podas en altura, desbroces y preparación de cortafuegos para, de pronto, recibir la llamada, incorporarse y sumar otras doce horas como máximo, en teoría. Los gravísimos casos de 2022 mantuvieron a cuadrillas y autobombas veinticuatro horas sin relevo. Los Delta superaron las veinte. El conductor de una máquina comentaba desolado haber rebasado veintiséis horas seguidas.

—Entendemos y agradecemos hacer cosas productivas, pero no podemos estar tres horas tirando paredes a mazazos y luego correr a un frente —sintetiza uno de ellos.

La precariedad también se nota en el estómago. Una campa de Tábara, donde se instaló el puesto de mando, reflejaba la auténtica emoción grupal cuando apareció el apoyo enviado por el cocinero José Andrés. El chef desarrolla una labor solidaria en conflictos armados o catástrofes internacionales y suministra comida para los más necesitados. Las imágenes de los pobres bocadillos que alimentaban a los bomberos de Castilla y León se viralizaron y José Andrés movilizó de inmediato a su asociación para que repusieran fuerzas en condiciones. Rara vez esta especie de ayuda humanitaria se sirve a quienes socorren a las víctimas. Tiempo después el chef, la empresa de comida preparada Cascajares y la Junta suscribieron un acuerdo para plantar un árbol con cada compra de una pularda precocinada.

Manuel reitera el fuerte compromiso de las cuadrillas, pese a la precariedad.

—Hace falta estar un poco loco para meterse en esto. Tú sabes que esto es una mierda, pero si te vas es como abandonar, nosotros queremos ayudar. La tierra que siento como mía es esta. Un tío que era un fuera de serie acabó marchándose para trabajar en una empresa de revisión de extintores, más aburrido, pero jornada de ocho horas y puede estar con su hijo.

Los cursos de formación son de catorce horas cada cinco años. Apenas hay reciclaje en sus conocimientos o actualización de su capacitación. Tanta penuria provoca que los más veteranos se agarren a cualquier alternativa laboral o mejores ofertas en otros territorios. Por tanto, el gremio se descompone verano tras verano ante la gran rotación y se pierden ese saber y experiencia. Esos trabajadores más curtidos enseñan a los novatos, muchas veces sobre el terreno.

—Depende de que alguno de los técnicos o capataces se anime o saque un rato e intente orientar o dar indicaciones para los nuevos, que han aprobado unos cursos y tienen conocimientos, pero no les ponen en situación de incendio y cometen errores muy comunes. Uno muy habitual es lanzarse con todas las ganas a intentar apagar las llamas de dentro del perímetro en lugar de centrarse en intentar detener el avance del borde del incendio. Les pasa sobre todo a los chavales nuevos, que vienen con ganas, se están reventando sin ser eficientes. Nos ha pasado a todos hasta que nos han dicho cómo se hace, es un ejemplo de lo perdido que puede llegar alguien.

Un capataz sin formación puede meterlos en una zona de riesgo, como creen los brigadistas que ocurrió cuando la cuadrilla de Daniel recibió la orden de prender la *contra*. Por suerte, señalan esas mismas voces, el técnico —más capacitado— mandó salir a la gente cuando percibió el cambio de viento.

Los bomberos también reclaman más conocimientos técnicos en los agentes forestales de la Guardia Civil, quienes deberían recibir más formación sobre el fuego y sus comportamientos y reacciones, o bien crear una unidad específica en incendios forestales. Esta capacitación, señala Manuel, les haría mejorar cuando las fogatas se descontrolan y exigen rapidez y precisión.

—La Guardia Civil también está muy perdida en fuegos, a los agentes del medio rural deberían darles formación básica. Algunos guardias han pedido charlas con nosotros o formaciones conjuntas porque tienen miedo a que haya algún problema. Ellos mismos deben estar seguros para sí mismos o por si tienen que evacuar o socorrer a alguien, reconocen que se han visto perdidos en estas situaciones. Son situaciones para las que no han recibido formación ni en la academia ni en ningún lado. Quieren colaborar, pero no saben cómo.

El año 2022, con las cuatro víctimas de Zamora y numerosos incendios en todo el país, se convirtió en el segundo peor año en extensión quemada en España, detrás de 2017. España acaparó el 40 % de la superficie europea desaparecida en esos doce meses. Este escenario alimentó el apoyo social y la presencia mediática de estos colectivos.

Las concentraciones de Valladolid se reprodujeron en Madrid, los políticos escucharon y, tras un otoño intenso, en la primavera de 2023 se anunció la tramitación de dos proyectos de ley para regular el ansiado Estatuto del bombero. Este proyecto mejoraba las condiciones de jubilación, les concedía el rango de agentes de la autoridad y reforzaba su defensa jurídica.

Teresa Ribera —entonces ministra de Transición Ecológica y Reto Demográfico y actual vicepresidenta de Competencia en la Comisión Europea— defendía la creación de «unas normas básicas comunes» para los 20 000 trabajadores repartidos por España.

Un nuevo volantazo político, en forma de disolución del Congreso de los Diputados por las elecciones generales anticipadas al 28 de julio, truncó el camino. Adiós al ciclo parlamentario, adiós a esas iniciativas en desarrollo, dilatadas hasta que se vuelvan a tramitar sobre la base ya trazada, aunque susceptibles a enmiendas, virajes, sugerencias y nuevas negociaciones. Más retraso para los beneficiarios de este proyecto de ley, hartos de promesas incumplidas o buenas palabras sin ejecución. El color del Gobierno sigue siendo el mismo tras esos comicios, con PSOE y Sumar apoyados por socios nacionalistas, y ahora toca aguardar novedades. El 30 de enero de 2024 se reunieron representantes de los bomberos con cargos ministeriales para reactivar la tramitación de la anhelada ley. Ribera manifestó su apoyo: «Cuidemos de los que nos cuidan». Portavoces ministeriales desgranan que el Estatuto «establece el marco jurídico para que las condiciones sean iguales en todo el país y determina cuáles son los derechos, deberes y los medios de los que deben estar dotados, así como medidas de seguridad y formación». El Proyecto de Ley básica de bomberos forestales recoge claves como que «los incendios han cambiado de patrón» por el cambio climático, que «el personal responde a diversas formas de relación con la administración competente» y que ante la «alta temporalidad» procede «ordenar un marco de las condiciones de los bomberos forestales». «Existe un claro y evidente interés general en que se regule el marco de las funciones de los bomberos forestales del sistema común de prevención y extinción de incendios forestales», insiste el proyecto.

El 23 de julio de 2024 se aprobó su contenido en el Congreso y se mandó al Senado, donde unas enmiendas del PP y del Bloque Nacionalista Galego (BNG) provocaron una nueva dilación de la ley. La norma quedará aprobada cuando se vote mayoritariamente un texto definitivo que satisfaga a todas las formaciones.

3. EL JEFE DE TODO

El termómetro digital marca 20.7 grados y 39 % de humedad. Son las nueve en punto de la mañana del miércoles 8 de mayo de 2024 y un hormigueo de funcionarios se mueve en el amplio recibidor del edificio hogar de tres consejerías, una de ellas la de Medio Ambiente de Castilla y León, en Valladolid. Miles de personas trabajan allí, un ajetreo de conversaciones y pisadas sobre las baldosas cuyo murmullo resuena entre las paredes de madera. La cafetería bulle. Algún pincho de tortilla sobre la barra, trozos de bizcocho casero para endulzarse. Demasiado ruido. Mejor un lugar más tranquilo.

Los pasillos culebrean entre ascensores, bloques de escaleras, áreas, divisiones, solitarios bidones de agua y pulcras plantas de interior. A ese recorrido lo llaman «el paseíllo de la vergüenza»: imposible no encontrarse con miembros de otros departamentos y formar reuniones improvisadas. La ruta conduce hacia un despacho diáfano. Al fondo, la mesa del alto cargo, con su ordenador y sus papeles, bajo la mirada de Felipe VI. En las paredes, varios mapas de la caprichosa orografía de Castilla y León y su reparto por cuadrantes de actuación. Hay fotografías enmarcadas de osos, ranas o águilas. Sobre ellas, entre diversos reconocimientos, destaca un helicóptero en miniatura. En la mesa, José Ángel Arranz, director general de Patrimonio Natural y Política Forestal de la Consejería de Medio Ambiente de Castilla y León desde 2007.

En este ingeniero de Montes, licenciado por la Universidad Politécnica de Madrid en 1990, descansan buena parte de las decisiones para administrar forestalmente la vasta Castilla y León. A él señalan las asociaciones de bomberos forestales, a él le piden la dimisión las pintadas anónimas, recubiertas por brea con poco éxito, en el oeste de Zamora. Los ojos claros del hombre de confianza del consejero Suárez-Quiñones se mueven detrás de los cristales de las gafas. Elegante, con camisa y el pelo negro y algo canoso domado con gomina, analiza durante más de una hora el contingente antiincendios. Lo hace con calma, cordial, sin cambiar mucho el tono, con los ojos azules algo más agitados y alguna mínima pausa en su alocución cuando toca temas polémicos. Arranz se expresa con el lenguaje de un técnico y apunta a la economía y la demografía como principal eje para explicar la política forestal. Mucho bosque, mucha superficie, demasiada despoblación y fincas descuidadas. Insuficiente dinero para contentar a todo el mundo con prevención o para ofrecer salarios jugosos.

El político tira de datos. El último inventario ha revelado un aumento de 800 000 hectáreas más de superficie forestal, que suena bonito, pero requiere gestión.

—El bosque gana terreno por dos factores: por un lado, porque le estamos ayudando, hay zonas que estamos repoblando y generando nuevas masas forestales. Por otro, las hectáreas que se incorporan son terrenos agrícolas abandonados, transformados en monte. Están acumulando un combustible que, por falta de aprovechamiento, por la pérdida de actividad agrícola o del pastoreo, supone la acumulación de biomasa, de combustible. Tenemos que intentar gestionarlo porque si no vamos a tener estos grandes incendios que están cambiando, no solo por las condiciones climatológicas, que hacen que tengamos temperaturas o ciclos de temperaturas más altas, sino por esa acumulación. Hay mucho más combustible y los incendios son más complejos.

Lo ideal, sostiene, sería disponer de poblaciones activas explotando los recursos naturales, optimizando esos parajes tan fácilmente susceptibles de arder. «Necesitamos actividad, necesitamos actividad», reitera el encargado de Política Forestal, consciente de la brecha demográfica que propicia esa desertificación financiera y la corriente socioeconómica que abarrota ciertas regiones y vacía otras. Su partido político (PP) gobierna la Junta desde 1987: entonces había 2.57 millones de habitantes en Castilla y León; en España, 38.7 millones. Hoy apenas residen 2.39 millones en esta comunidad, mientras que la población ha aumentado en España hasta 48.59 millones.

Arranz habla mucho de dinero. Afirma que la culpa de no poder elevar el presupuesto de prevención de incendios recae en el Gobierno central y pide cambiar la financiación territorial: el reparto actual, basado en la población, castiga a un territorio inmenso y de núcleos desperdigados.

—Tenemos partidas también para prevención. En una masa forestal como la nuestra con eso hacemos cosas muy quirúrgicas, cortafuegos, limpiezas selvícolas… e intentamos incentivar la ganadería extensiva para que estén esos rebaños. Necesitamos actividad. Mantener el monte limpio con dinero público a base de jornadas de tratamientos selvícolas serían unas cantidades inasumibles. Si he pecado de algo ha sido de administrar lo mejor que he podido los recursos públicos de todos los castellanos y leoneses, que intentamos optimizar. Un monte es un monte, no un salón de casa, pero que al menos no tenga esas densidades de biomasa.

Un monte es un monte y no un salón… o un despacho de Valladolid, insisten los brigadistas, molestos con la distancia que perciben entre los lugares donde se toman las decisiones y los frentes donde se aplican, e irritados con los discursos como el de Quiñones, que calificaba de «despilfarro» mantener las brigadas activas todo el año. Las asociaciones de trabajadores forestales estiman que el coste rondaría los 100 millones anuales, no mucho más que los 65 destinados hasta 2022. Arranz cree que las palabras de Quiñones están «sacadas de contexto» y abunda en la «ineficacia» de mantener a los 4700 integrantes de las cuadrillas estivales durante doce meses.

—Es como la agricultura, cuando llega la campaña y hay más trabajo hay que buscar más gente.

El político reconoce la importancia de dar «condiciones laborales adecuadas para que los trabajadores se queden», pero vuelve a la calculadora:

—Eso va a significar más gasto público. Intentamos hacerlo de la mejor forma y siendo lo más eficientes. Que reciban lo justo para que no se vayan, pero que no haya un despilfarro. Sin salarios justos no hay trabajadores, pero siendo conscientes de que vienen de nuestros impuestos. A la Administración se la mira mal cuando intenta ser eficiente con menos recursos.

Las políticas fiscales de la Junta bajo el Gobierno PP-Vox —pacto roto en julio de 2024— se han caracterizado por la bajada de impuestos. El IRPF ha bajado del 9.5 al 8.5, al igual que en Cantabria y Madrid, ambas gobernadas por el PP. Solo Extremadura posee un porcentaje más bajo. Tras aplicar esta rebaja fiscal, la Junta ha recaudado 20 millones de euros menos. La subvención completa de las tasas de caza y pesca, también acordada en aquella coalición, recortó otros 3.6 millones de ingresos. Castilla y León es la segunda comunidad de España, tras Madrid, donde los ricos (ganancias anuales superiores a 160 000 euros) pagan menos impuestos, según la Agencia Tributaria.

—Tener medios aéreos todo el año es una inversión bastante inútil.

Días después de esta entrevista, en mayo de 2024, la extinción de un incendio en Chandevillar (León) requirió de la intervención de una unidad helitransportada. Allí acudió la BRIF de Tabuyo, dependiente del Ministerio de Transición Ecológica. Los brigadistas se sulfuran porque él mismo admite que los periodos de calor intenso se van desestacionalizando, pero no se cambian las épocas de activación de recursos. «Cuando tenemos un incendio fuera de campaña se recurre al ministerio y que nos traigan las BRIF. Que el helicóptero lo pague otro», apuntan los bomberos.

—¿Cómo se le quedó el cuerpo cuando supo que había fallecido Daniel Gullón, un peón forestal con contrato temporal y sesenta y dos años? —pregunto.

—Es lo peor que he tenido que vivir, por desgracia me ha pasado en alguna ocasión más. Al final, también son compañeros del operativo.

Arranz expresa sus condolencias para los familiares de las víctimas. El político incide en que se trata de un trabajo de riesgo y tilda de «conceptual» que estas personas no sean catalogadas de bomberos en los convenios laborales de la Junta. Lo importante, expone, es la «cobertura, seguros y garantías» cuando ocurran desgracias. Los brigadistas lo ven de otra manera: «Detrás de la no denominación de bombero solo hay precariedad, la denominación implica una cobertura de formación, jubilatoria, médica y de asistencia de la que ahora no se dispone. Incluye las enfermedades profesionales, la segunda actividad, la jubilación anticipada, mejora salarial… En fin». En Valladolid, de repente, Arranz sonríe. La formalidad de la charla se derrite en forma de sonrisa al preguntarle si le gustaría que alguno de sus hijos se dedicara al ámbito forestal.

—Mi hijo pequeño igual continúa con la parte forestal, lo cual me alegraría porque también soy hijo de forestal. Si sigue seguramente tenga que pasar por esta fase, como casi todos los forestales, que hemos empezado por las cuadrillas o por la labor de extinción. Estaría muy satisfecho y espero que así sea.

—¿Incluso con estas condiciones laborales?

—Evidentemente intentamos mejorar las condiciones, eh…, pero las condiciones, eh…— Arranz se trastabilla por primera vez.

El discurso se interrumpe por unos segundos, tres largos segundos que contrastan con la solidez retórica del resto de la mañana. Por fin, coge carrerilla. Más calculadora.

—Las condiciones son mejorables, pero no son, desde luego, las peores condiciones. Hay muchos trabajadores que tendrían posibilidades de elegir otras alternativas de trabajo que están trabajando con nosotros y se han quedado, ¿no? Esas cuadrillas de verano son profesionales que se están formando y apoyan ese refuerzo, son muchas veces estudiantes de Ingeniería Forestal, de grado superior en el medio natural… y se van formando desde el principio en unas condiciones laborales que eligen en lugar de otras. ¿Que se podrían mejorar? Por supuesto, y estamos año a año mejorándolas.

Firme apretón de manos. Sonrisa educada. La conversación se difumina hacia temas banales, celebrando la lluvia del invierno y primavera de 2024. De vuelta a la calle, frescor y nubes. Estaciones húmedas y satisfactorias para los responsables políticos y para quienes temen el humo, tanto cuando lo ven como cuando se lo venden.

4. SI ME DIERAN UN DÍA TODO EL PODER

Ventanas hundidas, patios asalvajados, cristaleras rotas, carteles de «Se vende». Los gatos trepan a las tapias para observar a puñados de ovejas de pequeños ganaderos deglutir la hierba primaveral. Las barreras de piedra dividen las parcelas, muchas en desuso y conquistadas por la maleza; otras funcionan como fértiles huertas o gallineros. El apacible Villardeciervos, pueblo más grande del oeste de la sierra de la Culebra, cuenta con cuartel de la Guardia Civil, colegio de Primaria, la base de los bomberos, unas cuantas tiendas y bares, sucursal bancaria, pero la tendencia demográfica no miente: las escuelas construidas en 1930 se han convertido en consultorio médico.

El brigadista Manuel me recibe en las instalaciones del colectivo, ubicadas poco antes de salir del término municipal. Un par de grúas y maquinaria de construcción se afanan junto a unos pilares de hormigón y decenas de puntales sosteniendo el incipiente techado. Buena metáfora de iniciar la casa por el tejado, comenta este brigadista, extensible a las actuaciones del Gobierno de Castilla y León sobre las cenizas de 2022.

—Tuvieron ese susto y ahora le han puesto más voluntad que criterio.

Manuel agradece las mejoras en las instalaciones, pero reclama acompañar ese esfuerzo económico —financiado por fondos de la Unión Europea— con incorporaciones humanas conocedoras del oficio, de sus verdaderas carencias y capaces de trazar una estrategia completa para reimpulsarlo. Además, claro, de atender, por fin, una vieja reclamación.

—Si me dieran un día todo el poder y la capacidad de tomar una decisión, solo una, sería la de cambiar los dispositivos de comunicación.

La tecnología de los transistores se ha quedado obsoleta: los aparatos no funcionan en los montes sin cobertura, lo que deja a las cuadrillas aisladas, incomunicadas, sin poder coordinarse entre ellas ni avisarse de incidencias ni advertir de cambios de viento ni de agravamiento de los focos ni de si un compañero, al utilizar la motosierra, ha sufrido un corte y puede desangrarse. Él, de ser jefe, se negaría a desplazar a un retén a lugares desconectados para ejecutar actividades de riesgo.

La portada de *La Opinión de Zamora* del 1 de septiembre de 2023 abría con una foto del consejero Suárez-Quiñones visitando las instalaciones de Villardeciervos entre el semblante adusto o indiferente de los brigadistas. Solo alguno le aguanta la mirada; otros no quieren ni verlo y su lenguaje corporal rebosa indiferencia. Uno de los presentes en aquella cita, medio riéndose ante lo absurdo del momento, recuerda el encuentro:

—Vino Quiñones para hacerse la foto y quedar bien. Nosotros intentamos pasar de él y de su gente, nos estuvieron casi persiguiendo por la base. Después, se puso a mirar a una cámara que traían e hizo un discurso casi de memoria hablando de nuevas inversiones, recursos contra los incendios, etcétera, porque iban a hacer mejoras en la base.

Las instalaciones contaban entonces con una nave con goteras, planchas de poliespán despegadas y un vestuario angosto donde almacenan mancuernas, gomas o instrumentos de gimnasia comprados por ellos mismos. Los compañeros de otras bases zamoranas no beben agua del grifo por el ruinoso estado de las cañerías.

—Después de grabar ese vídeo se nos acercó el consejero de buen rollo a preguntarnos qué necesitábamos y un compañero se la tiró diciéndole que los aparatos de deporte y gimnasia son nuestros, de nuestro bolsillo, y no nos los pagan. Entonces se puso muy serio y empezó a llamar a personas de su equipo pidiéndoles que tomaran nota para que nos lo pusieran en el nuevo edificio. No sabemos nada todavía.

El bombero se carcajea.

—Son todo parches, hay algunos avances, pero los hacen a su manera.

Las chapuzas de Medio Ambiente les hacen reír casi por pura desesperación: en Semana Santa, cuando mucha gente aprovecha para escaparse de las ciudades a los pueblos, la consejería despliega el helicóptero en Villardeciervos. Postureo del bueno, mantienen los bomberos, especialmente en la húmeda primavera de 2024.

—Hace tiempo nos trajeron ocho desbrozadoras nuevas, pero eran casi más de jardinería que de monte. Para eso preferimos tener solo cuatro de las buenas. Castilla y León siempre va treinta pasos por detrás que las demás regiones, pero bueno, luego la Junta dirá, y con razón, que nos ha construido todo esto, aunque no sirva para mucho.

Los bomberos valoran la adquisición de modernos paneles didácticos (televisiones grandes, un ordenador y una pizarra electrónica), un recurso estupendo, reconocen, pero creen que pierde utilidad si no viene acompañado de formación para sacarle provecho. Manuel califica como inversión sin criterio la compra de cámaras de videovigilancia y cámaras térmicas para repartirlas por los bosques y comprobar, mediante las pantallas, si aparecen nubes de humo en las arboledas. Según Manuel, hubiese sido mejor invertir ese dinero en centinelas humanos, con conocimientos de la zona, capaces de interpretar los cambios de la dirección del viento y las características del humo, y de definir rápido un plan de actuación en función de los rasgos del terreno de donde procede el humo. Según la experiencia sobre el terreno, las cámaras «no detectan fuegos, hemos comprobado casos de que una persona viera el humo y la cámara no; es alarmante el interés por sustituirnos». También ofendieron en el gremio las declaraciones del delegado provincial de la Junta en Segovia, José Luis Sanz, asegurando que «la mayoría de las alertas llegan mediante avisos al 112 de gente viajando y con afán de colaboración». Una vigilante replica: «Es lo más alejado de un operativo profesional, hay gente llamando porque confunde arena levantada por un tractor con el humo de un incendio, es una tremenda chapuza y Castilla y León está a la cola del país con diferencia».

Esta trabajadora de un puesto de vigilancia segoviano se escandalizaba a principios de verano de 2024 porque solo estaban activas trece de las veintitrés torres de la provincia. Diez torres se clausuraron por prevención de riesgos laborales debido a las «escaleras de veintidós metros de altura con peldaños desgastados». A las otras diez que seguían funcionando se le sumaron «siete casetas provisionales», sin la altura ni ubicación estratégica apropiada.

Las plantillas apenas han variado. En el verano de 2024 trabajaron el mismo número de bomberos que otros veranos (veintiún especialistas y tres técnicos). Solo hubo un ligero aumento de personal en invierno para centrarse en combatir la plaga que podría repercutir en el valor económico de los bosques sanos.

Inquieta más el cambio de licitaciones previsto para finales de 2024. Por ejemplo, la sustitución de una de las empresas concesionarias en el cercano parque de Sanabria ha supuesto el despido completo del equipo anterior. Muchos de ellos, veteranos y válidos, con la vida construida en torno al puesto, han perdido su empleo y la motivación para permanecer en la comarca.

La helitransportada, con sus cargas aéreas de agua, otorga una ventaja que luego deben rematar las cuadrillas terrestres. Estos, armados con motosierras, azadas, palas batefuegos o más herramientas, liquidan los rescoldos y, si toca, apagan pequeños conatos con esa especie de sulfatadora de quince litros que portan a la espalda. Los Charlies, ante la dificultad para conducir el vehículo en pendientes u orografías complejas, prestarían mucha más utilidad si en vez de solo transportar al conductor (Javier Yáñez) y al manguerista (Daniel Gullón), tuviesen más personas a bordo o se aliaran con una Romeo. Pero falta personal.

5. LAS REFLEXIONES DE LA JUNTA

Tras el primer incendio de la Culebra, el Gobierno autonómico remitió a los medios un estudio elaborado por el Centro del Fuego (entidad dependiente de la Consejería de Medio Ambiente): aludía a un «comportamiento convectivo fuera de capacidad de extinción», aunque también admitía que las velocidades de expansión y la intensidad fueron relativamente asequibles en las primeras horas. Los brigadistas han denunciado que esa innegable ferocidad en el tramo medio del incendio podría haberse dominado en las primeras horas de haber contado, desde el principio, con el contingente completo. Según sus cálculos hubo momentos con más cuadrillas desplegadas de otras comunidades, de la UME y de Portugal, que de Castilla y León. No hubo estudio para la prensa tras el segundo incendio. En su lugar, los técnicos de la Consejería de Medio Ambiente elaboraron un Plan de Restauración de ochenta y una páginas de dosier y noventa y cuatro de anexos. El documento es accesible buceando por internet, pero no se envió a prensa ni sus conclusiones se presentaron en rueda de prensa. Tal vez por eso el texto desprende una rotundidad insólita en los discursos políticos.

Los factores enumerados coinciden con los expuestos por los lugareños, afectados, bomberos, pastores o agricultores.

—Aumento más que considerable tanto de la cantidad de combustible vegetal presente en el monte como de su continuidad.

—Disminución drástica de la ganadería extensiva.

—Abandono de la madera como fuente de energía.

—Conversión espontánea en terrenos forestales de una gran extensión de antiguas tierras agrícolas.

—Gran intensificación de la actividad agraria y pecuaria.

—Disminución imparable de la población rural y concentración en las áreas urbanas.

—Modificación ya evidente de los patrones climáticos históricos: aumento de las temperaturas medias, sequías más frecuentes y prolongadas, lluvias más intensas y erráticas, aumento de la duración del periodo de sequía estival…

«Además de a llevar a cabo grandes esfuerzos por mejorar los actuales operativos de emergencias en su conjunto, nos obliga a reflexionar sobre nuestras actuaciones —o ausencia de actuaciones— en el territorio, y en un nuevo paradigma para el mismo. Y esta reflexión entendemos que ha de extenderse a todos los actores que nos damos cita en dicho territorio», zanja el texto.

«Los efectos socioeconómicos producidos por un incendio de dimensiones tan elevadas son difíciles de cuantificar, debido a la amplia variedad de sectores a los que influye […] y desestabilizan considerablemente la economía», prosigue el estudio, que cifra en 217 los ganaderos afectados e insta a restablecer los pastos, apoyar económicamente la alimentación de los animales, reconstruir naves o espacios útiles para los pastores y restaurar las reses fallecidas. Para el turismo abogan por «ayudas sostenidas en el tiempo debido al deterioro de los recursos paisajísticos, cinegéticos, micológicos y de observación de la fauna, base de las actividades turísticas». Este respaldo financiero, critican los implicados, apenas se ha sentido y la situación apenas ha variado.

6. UN CHALET Y UNA PARCELA ENORME CON UN CORTACÉSPED PEQUEÑO

El desastre de Zamora arrojó conceptos novedosos sobre la esfera pública, política y mediática. Se habló de Charlies, motobombas, cortafuegos, batefuegos, lanzas, tormentas secas, contrafuegos, noches tropicales, monte bajo, Estatuto del bombero, peones forestales, unidades helitransportadas... e incendios de sexta generación.

El catedrático en Incendios Forestales de la Escuela de Ingenierías Agrarias en la Universidad de Valladolid, Pablo Martín, afirma que los incendios de la Culebra son un ejemplo perfecto de esta tipología.

—El fuego corría como loco con llamas muy verticales y ascendentes, con una extrema longitud de las llamas, conectando con las copas de los árboles. Hubo una fuerte depresión atmosférica, el fuego parece que se succiona hacia arriba y se expande. Si se vuelven a dar esas condiciones, es fácil que vuelva a ocurrir lo mismo.

A las temperaturas, el viento, la presión atmosférica, la orografía o las sequías previas, se suma la decadencia rural o las inmensas cantidades de biomasa que alimentan las llamas generando una avalancha imparable. Los focos, destaca el experto, docente en el campus de Palencia, siguen un comportamiento exponencial: a más superficie quemada, más furia y menos posibilidades de apagado. Como recuerda, ambos casos se produjeron por rayos escupidos sobre un terreno convertido en pólvora.

Hasta hace unos años, el fuego más terrible en la historia de la comunidad fue en Castrocontrigo (León), con 11 724 hectáreas destruidas en 2012. En 2021 se quemaron unas 22 000 en Navalacruz (Ávila). Una década después, las casi 60 000 hectáreas perdidas en Zamora.

Esta sexta generación no se puede entender sin observar las tendencias sociales y económicas. El guion demográfico nacional congrega en las costas y en Madrid al grueso de la población mientras las mesetas y la España interior pierden vida y, por ende, sus ecosistemas se descontrolan. Apenas cuatro millones de españoles ocupan el equivalente al 70 % del territorio mientras el 90 % de la ciudadanía se apelotona en la comunidad madrileña y el litoral mediterráneo. Hasta 42 millones de personas viven en 1500 de los 8132 municipios nacionales.

—Hay que ver los ingredientes y saber dónde intervenir, controlando los combustibles y reduciendo las masas. ¿Es suficiente? No, es como vivir en un chalet y tener una parcela enorme con un cortacésped pequeño. Cuando has cortado un cuarto, lo del principio ha vuelto a crecer y lo restante está todavía más alto. Quienes conocen el monte saben que es casi ilimitado, tan extenso que gestionarlo es difícil, pagar por ello es como un saco sin fondo de volver a empezar y empezar. Es casi inabordable.

La labor de los retenes durante el otoño o el invierno, con los desbrozamientos, acciones selvícolas y cuidados sobre los bosques, debe complementarse con otras actividades económicas, como la ganadería extensiva y la recogida de madera para chimeneas. Hay que recuperar la conciencia del monte como fuente económica. Pone como ejemplo a Soria: esa provincia emblema de la despoblación sobrevive al fuego —además de por el incontrolable azar— porque los bosques, muchos de titularidad pública, suponen un valioso recurso. La micología, la resina, el turismo rural y el aprovechamiento maderero contribuyen a que los habitantes, concienciados, vigilen la provincia.

La revolución en el modelo económico requiere un factor indispensable: población. Se necesitan empleos cualificados con apuestas de descentralización, mejora del sector primario, infraestructuras actualizadas, conexiones eficaces a internet, accesibilidad a servicios educativos, sanitarios o bancarios...

Al contexto demográfico aciago se le une el climático. Lourdes Hernández, de la ONG medioambientalista WWF, menciona los incendios de sexta generación como gran desafío para la gestión forestal presente y futura.

—Los incendios de sexta generación son aquellos con condiciones caloríficas tan extremas que hacen que el incendio desarrolle una potencia enorme y emita unas inmensas columnas de humo calientes que cuando suben chocan con capas frías de la atmósfera. Después, se desploman y caen chispas y material desde el cielo a muchísima distancia, propagando los frentes incluso a kilómetros.

Una descripción posible de los incendios de sexta generación: el cielo cayendo sobre nuestras cabezas. El nombre técnico es pirocúmulos: tormentas de fuego, nubes ardientes que caen a ras de suelo y forman intensas ventoleras, de dirección cambiante e imposibles de acometer para los bomberos. Los brigadistas presentes aquel día trataron de definir algo similar: la sensación de que el cielo cayó sobre ellos. El fotógrafo Emilio Fraile también usa palabras parecidas para describir lo que sintió en su carrera desesperada hacia el coche.

Despoblación, cambio climático y... resignación. Lourdes Hernández afea el discurso social y político de que es difícil asentarse en el medio rural y reclama un verdadero compromiso institucional con acciones políticas concretas: fiscalidad favorable, ayudas para instalarse en pueblos o prestaciones por los servicios ambientales generados para la sociedad en general, como la electricidad generada en sus parques eólicos o solares.

—Hay que legislar contra el abandono rural. Se legisla hacia la ciudad sin darnos cuenta de lo que brinda el medio rural.

Pablo Martín ilustra con una anécdota. Hace tiempo, un directivo de una empresa asentada en Zamora se quejaba con él de que sus principales gastos eran en plantilla y en energía. Lo primero, lógico; lo segundo, en una zona demográficamente castigada, lo sorprendía porque a quince kilómetros de la factoría hay un embalse. La estación hidroeléctrica abastece a otras provincias y regiones, pero no deja beneficios específicos allí donde se genera, ni siquiera en forma de abaratamiento del coste energético.

—Es una gestión de infraestructuras y de servicios de locos. Con esas dificultades, ¿quién va a irse de nuevas a los pueblos, salvo algún entusiasta?

LA RESIGNACIÓN

Castilla y León se muerde la lengua y se calla.

1. OLVIDO

Al silencio le quedan años de imperio en la sierra de la Culebra.

Pedaleamos por una pista forestal hasta lo alto de una peña, desde donde divisamos decenas de enormes montículos de pinos tendidos, cortados, esperando turno para ser introducidos en largos camiones. Solo quedan los bosques vivos en las retinas, en las fotos exhibidas con nostalgia y en las imágenes de satélite de Google Maps. La aplicación, desactualizada al escribir estas líneas, engaña. La vista aérea presenta infinidad de frondosas copas verdes dando sombra a los caminos, ahora convertidos en brechas entre el desierto de tocones desnudos y astillas desperdigadas, escorrentías producidas por la falta de sustrato capaz de absorber y contener las lluvias, y las cenizas y astillas chamuscadas que se acumulan en las balsas surgidas en las hendiduras provocadas por las pesadas ruedas de los camiones.

Pasear o subir en bicicleta hacia las lomas más elevadas proyecta una estampa desoladora en la primavera de 2024. Los corzos y ciervos miran con curiosidad antes de iniciar un galope tendido, sin opciones para el escondite, como manchas marrones saltando sobre una base negra solamente interrumpida por el gris de las piedras. Parecen los caballitos de un carrusel de barraca: vueltas y más vueltas en torno a un mismo eje.

Muchas casas vacías, sin nadie menor de sesenta y cinco años caminando por las calles o dejándose los riñones en modestas huertas o granjas. Las placas de viejos negocios como carnicerías o talleres se oxidan sin remplazo. Los escasos bares abiertos aglutinan a unos pocos moradores con ganas de mantener engrasada su vida social hasta que, a partir de junio, estos lugares vuelvan a ponerse de moda y sus descendientes se instalen por unos meses buscando paz, fiestas patronales, excursiones al embalse, rutas en bici con los niños, merendolas en el campo y el suspiro de «Qué bien se está aquí» antes de volver al hormigón y al estrés.

Al fondo del horizonte, al menos hasta que arrecien las temperaturas, un manto blanco se despliega sobre las cumbres leonesas y gallegas. Las palabras de Chema Mezquita —responsable de la Coordinadora Rural de Zamora, y profesor en el instituto de Alcañices— se pierden entre el plomizo silencio.

—Es una tragedia ambiental mayor que la del Prestige y nadie le presta atención.

El petrolero Prestige se hundió en Galicia en 2002, provocando un vertido de combustible que se extendió por más de dos mil kilómetros de costa española, francesa y portuguesa. La ola de solidaridad llevó a miles de voluntarios a participar en campañas de limpieza en las playas. El innegable impacto medioambiental, apunta Chema, se acusó en el litoral gallego durante unos años, pero no tardó demasiado en recuperarse el marisqueo y la actividad económica y lúdica. Las opíparas subvenciones retiraron a algunos trabajadores del mar y el caso derivó en un grueso conflicto político a escala nacional.

En Zamora, nada. Ni hubo un gran impacto social ni se monopolizó el debate público; tampoco las ayudas han fluido. La recuperación de los bosques es mucho más lenta que la del mar. Chema señala varios grupos de ciervos, hembras ágiles y machos de orgullosas cornamentas, galopando despistados por la superficie desolada. Ellos resisten con relativo bienestar porque el fin de los árboles supone más pastos, pero especies como el lobo han perdido su hábitat natural.

La agricultura, la ganadería, la industria maderera, el turismo rural y de aventura, el avistamiento de lobos, la apicultura, la micología o la caza no recuperarán el rendimiento económico ni a corto ni medio plazo. Frente a este escenario, no hay colmillo social reivindicativo ni coste político, se lamenta Chema.

Ni con Gobiernos centrales socialistas ni conservadores han aterrizado verdaderos cambios sobre Zamora ni tampoco sus representantes municipales lo han peleado en el Congreso. Por mucho que mediante el altavoz de la Coordinadora Chema Mezquita insista en difundir el tamaño del cataclismo, le cuesta horrores que la población asimile lo ocurrido y solicite respuestas. Sus alumnos aún no tienen capacidad para asimilar la puñalada. Los mayores, deprimidos y resignados, olvidan pronto sus males con discursos furibundos inculpando al de más allá. Nadie dimite y todo sigue igual.

Hubo unas semanas en las que Chema Mezquita pensó que el fuego encendería la apagada mecha de la comarca, habituada a sobrellevar cualquier ninguneo de infraestructuras o servicios. Quizá despertarían al quedar arrasado aquello que veían a diario. Chema pedalea y casi se queda sin aire enumerando inacciones administrativas sin respuesta social: precariedad sanitaria con ancianos que han perdido el consultorio médico en sus poblaciones y deben trasladarse a núcleos más grandes, carreteras peligrosas como la N-122 y las promesas incumplidas de convertirla en autovía, pobre transporte público, escasez de cobertura y de acceso a las telecomunicaciones, falta de inversión para que los jóvenes tengan posibilidades…

Meses después de los incendios, en las elecciones municipales de mayo de 2023, el PP revalidó la gran mayoría de los ayuntamientos que ostentaba antes de la tragedia. Como norma general, puede aventurarse la máxima de que, en la historia reciente de España, los accidentes y los desastres naturales no suelen pasar factura electoral al partido gobernante. En 1998 se rompió la balsa de residuos de la mina de Aznalcóllar (Sevilla) contaminando miles de hectáreas hasta las puertas del Parque Natural de Doñana, pero los socialistas conservaron el poder autonómico. El hundimiento del petrolero Prestige en Galicia en 2002 arrojó dos escenarios: el PP local de los ayuntamientos salvó los muebles con apuros, pero Manuel Fraga no revalidó la Xunta en 2005, pese a ganar los comicios. Ese mismo año murieron once bomberos en un grave incendio de Guadalajara, en Castilla-La Mancha, pero el PSOE conservó el poder autonómico hasta 2011. El PNV tampoco acusó demasiado las dos muertes derivadas del hundimiento del vertedero de Zaldibar (Bizkaia) en 2020, poco antes de la pandemia, más allá de cierto castigo electoral en los municipios próximos al lugar del accidente.

«No siempre hay una relación directa entre los escándalos y los votos de la gente», apunta Manuel Herrera —periodista en *Enfoque Zamora*, en la agencia Europa Press y graduado en Ciencias Políticas—, sobre todo cuando pasan los meses y se enfría el asunto. Los comicios celebrados tres días después del atentado del 11 de marzo de 2004 en Madrid dieron la victoria al PSOE, pero el resultado hubiera podido ser distinto, aventura Herrera, de celebrarse meses después. A escala autonómica, las manifestaciones celebradas en Zamora capital señalando duramente a Mañueco y a Quiñones tal vez hubiesen tenido efecto en unas hipotéticas elecciones celebradas esa semana en vez de en mayo de 2023, casi un año después de la catástrofe.

El resquemor zamorano no entró en las urnas, se canalizó en algunas pintadas y algunos desahogos: en las mascaradas de Villanueva de Valrojo, una fiesta folclórica propia de los núcleos fronterizos entre Portugal y Zamora, disfrazaron de diablo al consejero de Medio Ambiente, Juan Carlos Suárez-Quiñones.

Los años pateándose Zamora permiten a Manuel Herrera descifrar el comportamiento en las urnas. Hasta 166 de los 248 municipios zamoranos cuentan con un alcalde del PP, partido siempre capaz de rellenar sus listas con candidatos respetados en los pueblos. El fenómeno de Izquierda Unida en el Ayuntamiento de la capital responde más al respaldo personalista a Paco Guarido que a un excepcional latir izquierdista. El politólogo cree que en los términos perjudicados por el fuego sí se apreció un ligero movimiento electoral: el PSOE mantuvo, por poco, Tábara y ganó en Ferreruela o Losacio; el PP perdió Ferreras de Arriba en favor de la agrupación de Villanueva de Valrojo. Estos pellizcos tampoco han alterado demasiado la fotografía política, pues el PP retuvo la cotizada Diputación, encargada de garantizar o arreglar los suministros, pavimentar los caminos y ejercer medidas de inmediata percepción para el votante. El poli bueno de la política. La Diputación en 2022 la ostentaba Ciudadanos tras su pacto autonómico con el PP en 2019, pero este contaba con mayoría y una amplia presencia en los pueblos. En 2023, la Diputación regresó a manos del PP.

Las características demográficas del territorio propician, según Manuel Herrera, buena parte de los comportamientos sociales y electorales. La provincia más envejecida de España ronda una edad media de cincuenta y dos años frente a los cuarenta y cuatro nacionales y cuarenta y ocho autonómicos. Este factor arrastra un mayor conservadurismo político y una mayor atención hacia la agenda nacional que a los problemas locales. Cuando el presidente del Gobierno, Pedro Sánchez, acudió a Otero de Bodas tras el primer incendio, fue increpado por sus pactos con el independentismo catalán.

—Quienes se quedan en pueblos con una media de edad mayor a setenta años tienen el poso de que la vida es complicada aquí y afuera, así que Virgencita, Virgencita, que me quede como estoy y qué le vamos a hacer —explica el periodista y politólogo sobre una mayoría silenciosa poco dada a creer en la oposición o en alternativas.

Chema Mezquita cree que el PP maneja un fluido para convencer y silenciar las voces críticas de sus cargos locales. Para ello dispone del control sobre la Diputación, una fuente inagotable de ascensos y nombramientos que usar como premio (o castigo). Así se lubrica un sistema apoyado en el miedo a ir contracorriente y en el desconocimiento popular, o desinterés, hacia quién ostenta qué competencias y a quién exigir responsabilidades.

—Mis alumnos no tienen ni idea de la organización de los Gobiernos y de quién tiene qué funciones. Lo que oyen en casa lo repiten y además con las redes sociales reciben un discurso visceral por parte de Vox, fácil de comprar, contra los inmigrantes, contra los catalanes o contra Marruecos.

Las cuitas internas entre provincias de Castilla y León, con el leonesismo reivindicando la creación de una autonomía propia para León, Zamora y Salamanca, también se deja notar en los Parlamentos, en las carreteras y en las placas de obra. Los tachones abundan tanto en dominios leoneses como en algunas áreas zamoranas o charras, con «Castilla y» emborronadas en los rótulos oficiales de inversiones o señalizaciones de la Junta. Esa falta de cohesión regional se traduce en indiferencia hacia los males de otra provincia, tan lejana en lo kilométrico como en lo sentimental (entre Villafranca del Bierzo, León, y Arcos de Jalón, Soria, hay 509 km). Según Manuel Herrera, la desunión se refuerza cuando los políticos locales despejan culpas y acusan al Gobierno central o a Europa pese a que las atribuciones corresponden a la Junta, a las diputaciones o a los alcaldes. Entretanto, se enarbola el espantajo de Puigdemont, de los independentistas, de ETA, de la amnistía, de los okupas o de los extranjeros.

—El PP intenta apaciguar ánimos y por eso las diputaciones se alinean con la Junta por cuestiones partidistas. Para los alcaldes, pragmáticamente, es difícil tener tensión con la Diputación porque es una institución cercana, quieren tener cordialidad porque hace muchas obras. En 2022 el PP tenía mucha capacidad de influencia, aunque no la presidiera, para aconsejar a los alcaldes que fuesen menos beligerantes por su propio interés, les recomendaban que no fueran tan duros porque el día a día o la financiación son más sencillos con una buena relación. Los alcaldes no son tontos, saben lo que les interesa para optar a ser reelegidos y aparecer en las listas. La ignición fue en verano de 2022 y las listas locales se hicieron en marzo de 2023, había poco margen.

El dedo índice de la mano derecha del empresario jubilado Miguel Lozano apunta hacia el suelo del taller de Tábara donde despacha y lee para referirse al terreno sobre el que va a pronunciarse. Han pasado casi dos años desde la tragedia. Apenas hay concentraciones, apenas nadie alza el tono por la gestión pasada, presente y futura. Este extremeño asentado en Zamora tiene mucho mundo: pasó cuatro años navegando y pisó Bélgica, Alemania o Indonesia, pero siempre recuerda su paso por Bilbao. Allí latía un sentimiento comunal inaudito en Zamora y en buena parte de la desarraigada Castilla y León.

—Te voy a hablar con toda franqueza. En Bilbao cuando una persona tosía porque le iban a quitar el sueldo a su marido o la fábrica iba a reducir el sueldo, los trabajadores de las demás fábricas, los de alrededor, los del taller, o la viejita, o el abuelo con el nieto, se iban a apoyar a aquellos trabajadores. ¿Por qué? Porque sabían que mañana les podía tocar a ellos. Castilla y León se muerde la lengua y se calla.

El jubilado mastica las sílabas de su protesta. De poco importa acudir con el tractor, las palas, los depósitos, las azadas o las mangueras el día del incendio si después, o antes, no se han movido con fuerza colectiva.

—No dan la cara. Saben ellos que se están muriendo por dentro, pero aquí va a pasar siempre porque no hay esa unión, esa afección entre la gente.

2. LA LENGUA

El bar de Villanueva de Valrojo, el Otra Cosa, sirve desde hace más de cincuenta años como ágora para obreros, jubilados, turistas y familias con ganas de tomar el vermut, pedir un café, almorzar un pincho de tortilla o ponerse al día. No hay competencia ni en el pueblo ni en muchos otros núcleos alrededor. Sobre esas sillas se sientan perfiles dispares y complementarios para analizar la situación social y el escenario posterior a los incendios: Belén Martín, la alcaldesa pedánea, ahora al frente de Ferreras de Arriba, y Lucas Ferrero, representante de la asociación La Culebra no se Calla.

Belén Martín se carcajea al preguntarle por la reducida belicosidad del resto de alcaldes. Ella lleva más de veinte años en la política local, primero como titular pedánea de su pequeño Villanueva de Valrojo y desde 2023 liderando el Ayuntamiento de Ferreras de Arriba tras triunfar su plataforma independiente. Se ha ganado el respeto a base de garra sin importarle el color de los ayuntamientos o diputaciones. A ella la mueve la herida emocional, como la sufre su hija, Elsa, de catorce años, que sigue soñando que se le quema la casa y se niega a subir al monte.

Por eso Belén se regocija al hablar del pulso político general. Buena parte de sus homólogos pertenecen al PP y no parecen demasiado interesados en apretar a la estructura provincial; se satisfacen con visitas ocasionales de cargos para hacerse alguna foto o prometer ligeros beneficios. Tampoco cambia mucho cuando el PSOE manda: más que las siglas, que también, lo que más influye suele ser la edad y la disposición del regidor. Muchos de ellos, talluditos, no andan con ganas para tocar las narices, reclamar servicios o sublevarse ante la orden provincial.

—La Junta siempre está que sí, sí, sí, estamos trabajando en ello, y luego nada. Estamos esperando a ver si es verdad.

Hay quien se ha cansado de esperar y de llamar a las instituciones. La voz de Jesús Ángel Tomás, alcalde de Pozuelo de Tábara por el PSOE, se inflama conforme pasan los segundos cuando se le pregunta por teléfono. El incendio se cobró la vida de un amigo y casi vecino, Ángel Martín.

—¡La gente está dormida! Es una puta vergüenza. No te hacen ni caso, hemos rellenado 27 000 papeles para subvenciones, pero las ayudas llegan con cuentagotas, de mala manera, y solo nos mandaron unas cuantas pacas de paja. He dejado de ir a las reuniones que hicieron con los alcaldes porque son una tomadura de pelo, tanto las de la Junta como las de la subdelegación del Gobierno, era una pijada. Son todos iguales. No adelantas nada y la gente se va cansando.

Han aparecido algunas partidas para el emprendimiento, centradas en abrir más casas rurales: en un pueblo como Villanueva de Valrojo, de menos de 200 empadronados, hay once casas rurales, dos de ellas recién abiertas. La Junta prometió 4 millones de euros para repartir entre las localidades en diez años, pero la alcaldesa aún no ha visto un céntimo. Del Ejecutivo central, tras la declaración de zona catastrófica, obtuvieron unos cuantos miles de euros para construir diques para contener las escorrentías y la erosión del monte. Poco más.

Los camiones que recogen los troncos quemados van horadando las calzadas de uso comunal, donde los baches, los bancos de gravilla, las abruptas grietas o las balsas en hondonadas inquietan a los conductores, muchos de ellos envejecidos. La carretera comarcal que desemboca en Ferreras de Arriba, un antiguo camino de arena asfaltado hace unos años, está destrozado, casi con más baches que firme. La Diputación y la Junta se encogen de hombros.

La asociación La Culebra no se Calla integra a los disconformes y apela a las Administraciones.

—Si no fuese por nosotros, esto solo se comentaría algún día en el bar o en las fiestas del pueblo. Hay mucha conformidad, solo se acuerdan cuando llegan las temporadas de recoger castañas o setas y ven que no pueden. Mis compañeras y yo estamos quitándole tiempo a nuestros trabajos: la mayoría somos autónomos y luego llegas, le pides a alguien un trozo de terreno para reforestar y te dicen que pasan del lío. Pues, hombre, no te hace mucha gracia —se lamenta Lucas Ferrero, presidente del colectivo.

La actitud de algunos políticos rurales también lastra los empeños de la plataforma. Mientras que Villardeciervos, del PP, les ha facilitado los cursos de reforestación junto a alumnos de colegios de Zamora, otros municipios, de regidores socialistas más mayores, ralentizan las iniciativas comunes. Esta ineficiencia obstaculiza el acceso a subvenciones autonómicas, muchas veces enmarañadas hasta el punto de tornarse inalcanzables.

La asociación intenta reavivar la mecha prendida aquellos días de movilización, con más de 3000 personas manifestándose ante la sede de la Junta en Zamora, toda una marabunta para una ciudad de 60 000 habitantes. La asociación, desgrana Lucas, maneja unos 30 000 euros gracias a las aportaciones individuales, patrocinios, venta de camisetas o pulseras y celebración de eventos. Los fondos se emplean en talleres de reforestación o en diseñar rutas para paseantes o cicloturistas.

3. UN CAPÍTULO DE *LOS SIMPSON*

La sierra aprovecha cualquier resquicio para colar sus ramas o raíces dentro de los pueblos, a modo de un paciente *Jumanji*: muchos cercados abandonados se han asilvestrado, con árboles caídos o muertos, asfixiados por las hiedras y otras enredaderas multiplicadas entre hojarasca y matorrales, con plantas hasta las rodillas impidiendo el avance humano. El entorno de los pueblos ofrece amplias extensiones desatendidas, fácilmente inflamables. Combustible. Ni siquiera los incendios de 2022 han propiciado las talas controladas, los desbrozamientos a unos metros de las viviendas, la creación preventiva de generosos cortafuegos.

Mientras el reloj apremia, se aproxima el verano y las plagas no hacen prisioneros: las orugas se arrastran ávidas de troncos frescos y preparan sobre ellos sus blancos nidos, como barbas de Papá Noel abarrotadas de insectos. Los escarabajos invasores, a medida que suban las temperaturas, serán capaces de volar y ampliar sus dominios.

Manuel se exaspera. Los graves incendios de Portugal en los años noventa del siglo pasado desataron plagas desoladoras porque se tardó mucho en eliminar a los ejemplares enfermos o portadores de insectos. Casi treinta años después, la historia se repite al otro lado de la frontera. La Junta se retrasó en sacar las licitaciones para talar las arboledas abrasadas y conservó los ejemplares debilitados, sin tener en cuenta que ejercen como cebaderos para que esas plagas se expandan, se fortalezcan y arrasen a los árboles sanos. La plaga no se detiene en Zamora: los camiones cargan los troncos portadores hasta Galicia o Portugal, receptores de buena parte de esa madera.

El enemigo tiene varios nombres. Los escolítidos, o perforadores del pino, o barrenillos del pino, o *Ips sexdentatus,* o escarabajos milimétricos capaces de matar a árboles centenarios. O bichos del demonio. Estos diminutos animales se asientan en la capa interior de la corteza, por donde corre la savia, para succionarla hasta desecar al anfitrión. La ausencia de frío impide su letargo y muerte, así que los calores invernales fortalecen esta plaga que a su vez resta valor a la madera extirpada de la superficie quemada. El monte está salpicado de pequeños buzones negros colgando de postes: son trampas con feromonas para atraerlos y matarlos.

—Es muy lento y costoso, nuestras herramientas sirven para descortezar el tronco, pero no tienen el grosor para pelar también las ramas y acaba siendo un trabajo a medias. Habría que complementarlo con control biológico, con abubillas, pájaros carpinteros u otros escarabajos depredadores. Harían falta expertos en control de especies, no es la primera vez que se hace, pero nunca tenemos a nadie que investigue, ni expertos ni interés en probar, en eso se debería estar gastando el dinero europeo y en formación para los bomberos, no en hacer la casa por el tejado.

A propósito de la plaga, Manuel cita un capítulo de *Los Simpson* en el que unos lagartos invasores reducen la sobrepoblación de palomas. Ante la ausencia de depredadores naturales, los reptiles se propagan y contra ellos se baraja desatar una plaga de serpientes aguja china. Después, una especie de gorila que se alimenta de carne de serpiente. Por último, confiar en que el invierno congele a los gorilas. Sin humor no hay forma de aceptar la realidad.

—Creo que nos daremos cuenta del desastre más o menos en cinco años.

Para entonces, el monte bajo habrá recuperado vigor, con la mínima oposición de los rebaños en extinción, pero los potenciales incendios arruinarán los tímidos empeños de reforestación. No puede descartarse que algunos habitantes, ante la dejadez de las instituciones, provoquen conatos de fuegos para intentar llamar la atención o para cobrar subvenciones.

No se vislumbran grandes inversiones ni proyectos en el futuro, pero los bomberos citan una posibilidad: los planes de responsabilidad corporativa de multinacionales para equilibrar su huella de carbono. Los grandes conglomerados tratan de compensar sus emisiones con estrategias de reducción de contaminación, y todo lo que no puedan reducir lo compensan con reforestaciones. Hay quien lo llama ecopostureo, hay quien lo ve útil. Las empresas se encargan de gestionar las hectáreas pertinentes y de contratar a los recursos humanos necesarios. Los ayuntamientos solo han de ceder los suelos, pues las entidades se encargan del resto y de suministrarles las sacas de madera. Se crea empleo, se ingresa dinero y las sierras quedan atendidas.

4. LAS GENTES DE LOS MONTES

El Caño Grande honra su nombre con un generoso caudal que brota del tubo metálico que conecta con las entrañas de la sierra de la Culebra. Por aquí desfilan vecinos de Villardeciervos cargados con garrafas de plástico. Entre ellos, una chica que le recuerda a su padre la historia de cuando un agente de la Guardia Civil le paró en la carretera, le abrió el maletero y, al observar las decenas de garrafas, le preguntó:

—¿Qué llevas, licor?

La anécdota del «contrabando de agua» despierta la jovialidad de Anabel, veintiocho irreductibles años, dicharachera y animada, frente al meditabundo Óscar Baladrón, cincuenta y siete años cargados de sinsabores. El hombre camina con la cabeza algo gacha, con las manos a la espalda, encarcelado en los recuerdos de hace dos veranos. Él era entonces jefe comarcal de los bomberos de Villardeciervos.

Anabel estudió Ciencias Ambientales en la Universidad de Salamanca y luego se enroló en las cuadrillas zamoranas, al igual que su hermano. La veinteañera ansía regresar al pueblo junto a sus compañeros de quinta y trabajar allí en el cuidado de la sierra. El patriarca suspira.

La animosa Anabel lleva varios veranos incorporándose al operativo y ha obtenido una plaza fija cerca de Ciudad Rodrigo, aunque confía en irse acercando a casa. Hermana de bombero, descendiente de bombero, novia de bombero, ha visto esa competencia virtuosa que se forma cuando se combina un buen grupo humano. Ella detecta una corriente entre la juventud zamorana que contrapone al hastío de sus mayores. Hay ganas de volver al campo, de romper con las ciudades, de ejecutar trabajos físicos en la naturaleza, de instalarse en el medio rural y formar familias, siempre que los servicios públicos y los sueldos acompañen.

La ambientóloga lo tiene claro: hay que acabar con los monocultivos de otras épocas para no tener al bosque como una mera fábrica de madera, sino plantar bloques de especies distintas para ralentizar el paso del fuego: pinos en zonas de difícil asentamiento y robles, por su alta capacidad de retención calorífica, para no convertirse en cerillas. El cambio climático exige nuevas tácticas como quemas controladas, una técnica poco popular entre los ingenieros forestales de carajillo y taburete.

El jefe comarcal escucha atentamente, pero su mirada presenta cierta resignación. Para todas esas cosas tan estupendas hacen falta personas, el bien más anhelado en la sierra de la Culebra.

A los bomberos les ha surgido competencia en el monte. Los operarios de las adjudicatarias encargadas de extirpar las arboledas chamuscadas trabajan en cualquier ladera, vaguada, cumbre o explanada de este desierto.

El todoterreno traquetea entre los baches, desniveles, surcos, charcos cenagosos y masas de arena. Bienvenido y Francisco Azabal, conductor y copiloto, no terminan de acostumbrarse a esas superficies lunares que, cuadrillas como la suya, integradas por decenas de personas y otras tantas máquinas pesadas, desmantelan a diario. Los Azabal dirigen una empresa de tala, encargada normalmente de supervisar, controlar y quitar los árboles o de preparar cortafuegos en bosques de Castilla y León.

Ahora deben concluir lo que no eliminó el incendio. Los hombres habían actuado durante muchos años en la sierra de la Culebra y sabían tanto de la riqueza ecológica como de su pésimo estado de conservación. Era cuestión de tiempo o de un rayo. Estas sendas no cumplían unos niveles mínimos de accesibilidad antes incluso de que las palas o los camiones hundieran los caminos. Bienvenido señala a varios animales escondidos detrás de unas descomunales pilas de madera acumulada en lo alto de una peña: el invierno de 2024 ha sido húmedo, no como el anterior, y los manantiales y terrenos blandos han impedido el paso de los pesadísimos camiones.

—Ahí tienes dos meses de tala.

Los troncos forman una muralla de más de cien metros de largo y diez de alto. Este enorme cúmulo de leños descansa en lo que, antes de 2022, era una de las joyas forestales de Zamora: El Casal. Las malas lenguas sugieren, y otras menos ponzoñosas lo admiten, que los grandes empresarios o gerifaltes de la comunidad se citaban allí para organizar batidas de caza. Esta reserva logró salir indemne del incendio de junio de 2022 y entre los lugareños corrieron los rumores de que la Junta había dado instrucciones específicas para salvar este rincón. Los brigadistas, poco dados a posicionarse con la Junta, desmienten las teorías conspirativas y atribuyen la defensa del paraje a una mera estrategia contra el fuego. En cualquier caso, el incendio de julio se cebó sobre estos terrenos. Hoy la parcela permanece rodeada de destrucción y solo unos burritos alistanos pacen dentro del cercado.

Los todoterrenos transitan junto a algunas de esas manchas verdes de pinos sanos, o en relativo buen estado, pero con multitud de nidos blancos de oruga. Bienvenido Azabal cree que la gestión autonómica sobre estos desiertos podría mejorarse acelerando las licitaciones. Pocos días antes del incendio de Losacio, se produjo un incendio en Monsagro (Salamanca). A las pocas semanas, la empresa de Azabal ya había coordinado todo el despliegue en Salamanca. Sin embargo, ese mismo despliegue tardó meses en producirse en Zamora.

El conjunto de trabajadores ha superado el centenar de personas. Se nota el ajetreo en las pensiones, hostales o restaurantes de la comarca, con Villardeciervos o Tábara como principales beneficiadas. Los restos de tierra sobre las escaleras del comedor del hostal El Roble anticipan la escena posterior: varias mesas llenas de trabajadores a la hora de comer, con menús del día desfilando desde las cocinas y muchas camas ocupadas de lunes a viernes. La noche, con pensión completa, cuesta cincuenta y cinco euros. Al chupito de después de comer, con suerte, invita la casa.

El segundo teniente de alcalde de Villardeciervos (PP) y encargado local de Medio Ambiente, Juan Carlos Esteban, agradece esa bonanza temporal, pero asume que pronto cesará esa actividad. La explotación de los bosques quemados supondrá para las arcas públicas un ingreso de entre 50 000 y 100 000 euros anuales, aunque los ayuntamientos cuentan con un techo de gasto que impide grandes inversiones.

—La madera era la base de nuestra economía, ahora no podemos dilapidar lo ingresado porque vamos a estar cincuenta años sin ese dinero, tendremos que hacer como en casa y no gastar lo que no tienes.

El concejal, también trabajador de la Junta en la base de los bomberos, indica que el Gobierno autonómico aún no ha repartido los cuatro millones de euros prometidos por Mañueco. «De momento es humo y se lo tenemos que recordar».

La catástrofe medioambiental acarrea unos efectos difíciles de superar a corto plazo. La conjunción del desinterés de las autoridades, la desmovilización social, el desarrollo de las plagas y la falta de inversiones en infraestructuras o servicios han propiciado reflexiones contundentes entre los más enfadados.

—Parece que el castellano necesita estar puteado para ser feliz.

Un estudio sociológico casero basado en la observación y en arrimar la oreja le ha permitido a David Enjuto dictar sentencia en el bar Otra Cosa. Le han bastado tres años afincado en Villanueva de Valrojo —donde trabaja como guía de avistamiento de lobos— para detectar esa capacidad de echarse a la chepa cualquier penuria. Este joven de origen segoviano, criado en Madrid antes de hartarse de la metrópoli, alucina por el grado de sometimiento de una población que no ejerce siquiera el derecho al pataleo.

—Me desespera. Yo tengo mi sentimiento político y que cada uno tenga el que tenga que ser, pero, por lo menos, un voto de castigo, cambia el puto voto. Yo aquí me río mucho hablando con un señor mayor que estuvo en política y dio muchos bandazos. Ha llegado un momento en que nos van a escupir encima y les vamos a dar las gracias. Yo me crie en Madrid y es muy diferente, en Castilla y León necesitan estar puteados para tirar adelante. Lo de la carretera es otra vergüenza, con gente que tiene que pasar a diario, con socavones como esta mesa, y no hacen nada. Si me pasara a mí me cruzaba en mitad de la carretera hasta que lo arreglaran.

Los casi dos años transcurridos apenas han movido el tablero, sostiene. Parece que a la gente le basta con conservar algunos terrenos para recoger algunos boletus y llevarse las cuernas de los ciervos para venderlas y sacarse unos euros. Él anda peleándose con las Administraciones en busca de alguna compensación por los meses que anduvo prácticamente parado, sin nadie interesado en patearse terrenos lunares aún humeantes, y sin lobos. Las cláusulas de las áreas de actividad económica donde se inscribe su negocio lo han empujado a un laberinto burocrático. Eso sí, la cuota de autónomo la abonó religiosamente.

—Para la Junta somos transparentes, te vas a una zona sin quemar y no se está trabajando en los cortafuegos, que están directamente verdes. Toco madera para que esto no se repita, no están haciendo nada para evitarlo.

Así como los bomberos señalaban con sorna el postureo de activar los helicópteros en una Semana Santa húmeda, pese a no haber riesgo, Daniel recuerda otras prácticas de la Junta de cara a la galería:

—Me acuerdo perfectamente cuando cogí la empresa el 12 de octubre de 2021, el puente del Pilar, que mueve a muchísima gente. Ese día estaba la zona llena y les dio por ponerse a repasar los cortafuegos con bulldozer. La gente montando el telescopio para ver los lobos… y un bulldozer arrancado ahí. También hay ciertos miradores para ver la naturaleza o las manadas por donde los bulldozer han pasado directamente por encima, se ve que podían atajar y han metido las máquinas. Se pueden hacer mejor las cosas.

David pone ejemplos sobre la improvisación del Ejecutivo autonómico. El fuego se ha comido seis de los once miradores. Ha telefoneado varias veces para pedir asistencia y, solo verbalmente, le han dado permiso para desplazarse a otras zonas y montar allí sus aparatos. Ningún papel lo defiende en caso de accidente: al moverse por esos nuevos emplazamientos, más de una vez ha estado a punto de chocar el todoterreno lleno de gente contra un bulldozer, las máquinas o los camiones bajando por los caminos.

Laura Gago y Fernando Cañibano recuerdan la sensación de no poder apenas moverse. Los pies pegados a un gran charco de miel.

Ardieron nueve de las diez colmenas de su finca cercana a Escober de Tábara, y el néctar empalagoso se tendió por la tierra, rodeado de miles de abejas. Pasaron varios días hasta que lograron acercarse al colmenar y comprobar la destrucción adherida a la suela de sus botas.

Estos dos jóvenes apicultores de Escober, padres de dos niños, uno recién nacido, son los creadores de la empresa La miel de Laura. El día del incendio, evacuaron a su entonces única hija y a su abuela antes de regresar al pueblo y, manguera en mano, integrarse en la dotación local.

—Todos los años hay incendios de 300 hectáreas, de 500 hectáreas, pero nunca de esta magnitud.

Hasta 3600 de las 3800 hectáreas correspondientes al término municipal se abrasaron, devoradas así las flores donde libaban las productoras de los miles de tarros de miel. Estos emprendedores calculan unas pérdidas de entre 60 000 y 70 000 euros tanto por los materiales carbonizados, las abejas muertas y los daños en el ecosistema como por la producción desperdiciada: tanto calor hizo en las jornadas anteriores al fuego que no pudieron recoger de las colmenas los kilos de miel que luego serían arruinados por las llamas. Pronto recibieron mensajes solidarios con ofrecimientos de terrenos para ubicar los enjambres. Algunas colmenas se han trasladado a Sanabria. Las distancias incrementan los gastos y dificultan aún más el negocio en el pueblo. La Junta les aportó 15 000 euros de una línea de financiación y Caja Rural de Zamora también ha colaborado, aunque el gran impulso para recuperar la cuota pasa por las compras de particulares, presencialmente o por internet.

—Nuestra pérdida es económica, pero en este pueblo murió un pastor, Victoriano, eso es lo más importante. Nosotros hemos retrocedido años porque estábamos funcionando bastante bien. Tenemos dos mieles entre las mejores mieles del mundo, una miel de roble y encina, que tiene un oro en un concurso de Londres, y otra de menta con otro platino en Londres.

Las placas distintivas adornan el discreto cobertizo, pintado de amarillo, abarrotado de tarros listos para la venta y de las barricas por donde va cayendo el denso manjar. Fernando Cañibano lamenta que ni siquiera el primer incendio de la sierra de la Culebra, el de junio de 2022, sirviera de alerta.

—Faltaban bomberos. Faltaban cuidados. No aprendimos nada porque pasó el primero y al mes, el segundo. Todas las bocas del riego del pueblo estaban jodidas, todas las mangueras rotas. El alcalde (correspondiente a Sesnández de Tábara, del PSOE) no vino a preguntarnos ni cómo estamos o si necesitamos algo. Cuando las elecciones, casa por casa para pedir el voto y vuelve a salir. Todo el mundo descontento y vuelve a salir, es tremendo, tenemos una mentalidad que madre mía.

Manolo García, de Tábara, no canta, sino que despacha chorizos, panceta, secreto ibérico, lengua de ternera, gallinas para cocido, churrasco, entrecots, morcilla, chichas, callos, huesos de jamón, chuletas, lomo o pechugas de pollo en su establecimiento de la plaza Mayor. La sección de ultramarinos ofrece aceitunas, mejillones en escabeche, calamares en su tinta, verduras en conserva, legumbres variadas de los campos castellanos no demasiado lejanos, vinos de todo tipo, cajas de leche, batidos para los niños, zumos, pan de molde, bollería industrial o artesanal, refrescos o agua embotellada. El carnicero pasa las horas detrás del mostrador donde aguardan largas cañas de lomo curado en los secaderos familiares.

Las caretas de cerdo colgadas de un gancho metálico miran sin ver al cliente eligiendo embutidos, picantes o no. Todo elaborado bajo la receta tradicional para completar aperitivos o bocadillos en esos contundentes panes de pueblo, que aguantan varios días. Comercio de proximidad con proveedores de la comarca.

Esta tierra lo da todo, pero poco recibe pese a su papel como despensa cerealística o ganadera, incluso en materia de energías renovables. Manolo se siente el último de la fila y se queja del desinterés institucional tras los fuegos en la Culebra. Su veinteañero hijo Unai y chavales como él, si todo va bien, serán adultos cuando parte de ese actual descampado regenere los árboles. Los actuales cincuentones, si acaso, serán viejos cuando renazca parte de ese esplendor. La crisis debería servir como coscorrón a los políticos y convertirla en oportunidad.

—Ahora sería buena ocasión para invertir de verdad en la España esta vaciada, que no está vaciada ni mucho menos porque todavía hay mucha gente que cree y va a luchar por ella como han luchado nuestros ancestros. Nos vamos a agarrar al terruño y no nos vamos a mover, aunque muchas veces nos quitan la ilusión con tantas trabas burocráticas que no tienen sentido. Sería buena ocasión para que esta España despoblada se llenara, que pongan cosas, que inviertan, que creen trabajo.

El carnicero conocía a Ángel Martín, el hombre que se quedó enganchado en la valla mientras huía del fuego, porque sus madres eran vecinas; a Victoriano Antón, de comprarle ovejas y corderos; a Daniel Gullón, de hablar con él, todas las semanas, en Ferreras de Abajo; a Eugenio Ratón y a sus hermanos, de venir a comprar cada verano e irse bien abastecidos hacia Sesnández. Por la carnicería siguen pasando parientes de los difuntos, como el tío de Ángel, que ahora escucha, sin intervenir, mi conversación con el carnicero.

—A esa gente le da igual lo que hagan, las vidas no las van a recuperar. ¿Qué es lo que van a hacer? ¡Nada! Te lo digo yo. ¡Nada! La gente se ha ido porque no hay trabajo. ¿Por qué se han ido para Valladolid? Porque está la FASA Renault. La madera ha salido para todos los lados, pero es un dinero que después durante muchos años no vamos a obtener. Decía Unai que si esto pasa en Guadarrama (Madrid)…, salen 300 helicópteros, pero esto es la sierra de la Culebra. Por Zamora nadie ha mirado, ni miran ni van a mirar.

Manolo acompasa sus palabras con golpes con el dorso de una mano sobre la palma de la otra. La muerte de Ángel lo sobrecoge por su altruismo, por defender unas parcelas que no eran suyas, por evitar el avance del fuego hacia la gasolinera, por proteger el pueblo.

—No sé si estamos poco unidos o si en los pueblos hay poca fuerza. La ordenación del territorio ha traído desordenación, parece que estaba todo premeditado para que cuando cayera una cerilla esto se acabase. Muy pocos bomberos estaban contratados para mantenimiento, pero siguen sin invertir y dentro de unos años otra vez la fiesta. Bien sabe Dios que demasiados pocos murieron para lo que podría haber sido.

Esta última frase resume una sensación generalizada en la comarca: Daniel Gullón, Victoriano Antón, Eugenio Ratón y Ángel Martín (y Daniel Ratón, meses después), pero pudieron ser más: los pastores Antonino y Demetrio, en Escober de Tábara; los otros bomberos del cortafuegos de Ferreruela; el guardia civil Víctor Ratón y el ganadero Joseba Alday en su odisea por Sesnández; el fotógrafo Emilio Fraile en su carrera desesperada en bañador en Ferreruela; los lugareños voluntarios que defendieron los pueblos.

EPÍLOGO:
LA HUERTA DE DANIEL

Un colirrojo tizón sobrevuela la huerta y se posa en un rosal. Su plumaje negro resalta sobre el verde primaveral del patio y unas plumas entre anaranjadas y rojas brillan cuando se pone de espaldas. La pizpireta ave gira la cabeza con curiosidad, siempre avizor por si asoma el depredador o la presa. El animal canturrea entre brinco y brinco, aletea sin rumbo fijo ni necesidad de ello, y disfruta del sol con el afilado pico atento a si entre la hierba emerge algún insecto. Buen día para la caza. La cortacésped descansa en mitad del jardín tras segar las briznas engordadas por las lluvias invernales. Aún queda labor, pero el primer paso acaba de culminarse.

Tras la tregua de los meses fríos, el huerto requiere una dedicación completa a partir de primavera. De fondo, perales, manzanos, una higuera y varios ciruelos. Más allá, las parras, esperando a septiembre. María Fuentes sonríe. La autora contempla la obra, tanto la terminada como la pendiente, con satisfacción. Su Dani estaría orgulloso.

La mujer se remanga después del ajetreo. Un tatuaje en su antebrazo izquierdo presenta una fecha: 17-7-2022 y, arriba, un 21. En el antebrazo derecho se lee «Daniel» en negro, acompañado del símbolo del infinito, del mismo color, y un corazón en rojo. Un poco más abajo, en la muñeca, pone «Me sonríe desde el cielo», lema rodeado por la silueta de unos pájaros.

—A Daniel le gustaban mucho los pájaros.

María superó su pánico por los tatuajes cuando murió su marido, el bombero Daniel Gullón Vara, el 17 de julio de 2022. Por eso María, de cincuenta y cinco años, siente una conexión con su esposo cuando el colirrojo tizón se deja caer por la huerta. El pájaro nos observa desde su tribuna favorita, los rosales, rodeados de piedras blancas y negras procedentes de la ladera donde murió Daniel.

La azada y la cortacésped, la regadera y las sementeras son amuletos para refugiarse de sus pensamientos y abrazarse a la memoria del hombre de su vida. Como si siguiera ahí, agachado, preparando surcos, podando ramas, alimentando a las siete gallinas de incesante cloqueo.

—Él siempre pasaba las horas aquí, aquí me siento a gusto. Tengo que tener la huerta preparada como la tendría él, la cuidaré mientras pueda. Está por aquí este pajarico todo el día, me recuerda a Daniel. Yo creo que cuando nos vamos, vamos a otro sitio y siento como que ese pajarico algo tiene que ver con Daniel.

Pelo naranja, rizadísimo, gafas moradas y ojos marrones humedecidos que repasan los casi cincuenta años que pasó junto a Daniel Gullón, como críos de Ferreras de Abajo; como jóvenes yendo en el coche de los amigos a las fiestas de los pueblos, luego, de novios oficiales, antes de encaminarse al altar y formar una familia. María suelta aire, despacio, cuando sus emociones sacuden sus recuerdos.

Daniel llegó al gremio tras infinidad de vueltas. Con quince años se marchó al País Vasco para trabajar en lo que pudiera para subsistir; después, se dirigió a Suiza para dedicarse a la construcción. Se casaron, tras un año y pico de noviazgo oficial, el 10 de agosto de 1991 y María cambió Ferreras de Abajo por Dietikon, cerca de Zúrich, revolución completa y satisfactoria: allí alumbró a sus hijas, María y Bettina, de treinta y veintisiete años. La primera nació con una parálisis cerebral y sus padres decidieron regresar a Zamora para que pudiera incorporarse a un colegio español y mejorara su adaptación. Daniel fue feliz durante sus veinte años en Suiza y algo la añoraba al volver al nido. Daniel pasó una década en una fábrica de Ferreras junto a María antes de pasarse un par de años revisando butano. Tareas laboriosas bien acogidas, aunque en su interior latía una pasión.

—A Dani le encantaba el fuego.

Algo lo atraía irremediablemente. Con cada fuego, en cada canícula, Daniel se interesaba por la zona afectada, las columnas de humo, los frentes arrasadores, el dispositivo desplegado, el zumbido del helicóptero, el agua cayendo desde los cielos. Contaba con un buen ejemplo muy cerca, su hermano Jacinto, experto jefe de zona de Tábara, a quien lo unía algo más que la sangre. Jacinto le cedió los apuntes para descubrir los entresijos de los incendios y cómo acometerlos. Daniel se presentó por primera vez en 2016 a las pruebas de acceso a brigadista forestal. Ese mismo año de estreno se comió un primer susto.

—Vino acojonado, afónico, a las cinco de la mañana, pero en el fondo estaba más contento que la leche. El fuego le gustó de siempre.

De contento pasó a feliz a rabiar. Pronto ingresó en el operativo de Villardeciervos y, pese a su veteranía, encajó en el clan. Su esposa se refiere con gran cariño a las épocas en las que Dani volvía a casa exhausto, pero con mil historietas, desgranando anécdotas de la base, los choques de este con aquel. La profesión se había convertido en algo más que una modesta vía de ingresos. El semblante se le endulzaba las semanas previas al 1 de julio, cuando llegaba a casa el contrato de temporada. Al revés, cuando el contrato finalizaba, pasaba unos días enfurruñado, escudriñando el calendario buscando atajos hacia la siguiente campaña.

El domingo 17 de julio amaneció con el habitual calor plomizo de ese tórrido verano. Un día antes, la carroceta que compartía con Javier Yáñez estuvo trabajando en la extinción de otro incendio y su compañero tuvo que causar baja por el cólico derivado de la deshidratación. María se aferra a esa coincidencia para argumentar el fallecimiento de su marido.

—Si Javi hubiese estado ese día, seguro que Dani no hubiera muerto.

Ese día, a las siete de la tarde, Daniel le envió a María un mensaje de audio con una advertencia: «Estamos en un incendio, ¡esto es el infierno!».

—Y tan infierno —murmura para sí la receptora de aquellas últimas palabras.

Ella aún ni imaginaba el descontrol del operativo, el contrafuego «suicida» denunciado por la unidad, el viento huracanado ni la huida desesperada de los brigadistas, con su Daniel atrapado. Daniel, según la autopsia y el acta de defunción, falleció a las nueve de la noche. El mundo se le desmoronó minutos antes de las diez.

—Me avisó mi cuñado Jacinto de que venía a casa y vino con su mujer. Me pareció un poco raro porque suele venir él solo. Llegaron los dos y me dijo: «Mari, que ha fallecido Daniel…». Para qué quieres más.

Mari junta sus manos para controlar el temblor. El ruido de las palmas al chocar rompe el silencio del jardín. Mari llora. Tras unos segundos enmudecida, prosigue:

—Es muy difícil, es algo que no te crees. Porque dices, joder, que es que ha salido bien de casa. No puede ser verdad, no te lo crees, no te lo crees. Pues imagínate. Luego ya les dije que me llevaran para allí, teníamos que ir. Todo era fuego. Cuando llegamos eso era un infierno.

Del trayecto en coche hasta Ferreruela recuerda las cunetas ardiendo a unos centímetros de las ruedas, la confusión del humo, la crueldad de la noticia, una ráfaga de viento golpeando la puerta del vehículo, los pies pisando la pista de tierra, detenerse entre el tercer y el cuarto molino de viento del promontorio elevado —«Fíjate los molinos lo grandes que son. Yo ni me acuerdo de verlos»— y mirar hacia abajo.

No se atrevió a descender hasta el lugar donde se hallaba el cadáver, destapado. La última despedida antes del funeral consistió en tocarlo un poco, prácticamente rozar el cuerpo inerte para creérselo, cuando lo subieron para introducirlo en un coche fúnebre.

Mari, y sus hijas, Bettina y María —y más tarde Jacinto, el hermano de Daniel—, permanecieron en los molinos desde las diez de la noche hasta las tres de la madrugada, cuando apareció una forense. Los vehículos de la Guardia Civil se percibían como minúsculos haces de luz entre el humo, pero ningún agente subió para apoyarlas ni bajó a custodiar al difunto.

—Si en ese momento hay un perro, un lobo o un jabalí, a Daniel se lo comen, estaba solo.

El tiempo apenas avanzaba mientras aguardaban noticias. Pronto Jacinto empezó a renegar de la estrategia implementada esa tarde: «No tenía que haber entrado ahí. Tirad las mangueras desde arriba, hasta donde lleguen, y si no pues que se queme el monte», exclamaba el hombre a la nada.

—Está la investigación abierta y por eso Jacinto no quiere hablar mucho. Queda todo en manos del abogado, no queremos entorpecer o perjudicar. Cuando pase todo y se vea ya hablaremos más.

La viuda de Dani ha guardado en una caja multicolor los restos del equipamiento del fallecido. Todos los objetos, prácticamente intactos desde que fueron recogidos en el monte, conservan una pátina negra, de ceniza: la cantimplora, las punteras metálicas de las botas, un trozo del mono de vestir, restos de calzado y otro fragmento de la manta térmica utilizada para taparlo. Las tachuelas de los zapatos y la cremallera siguen en la cruz dispuesta en esa colina. Lo demás ardió.

Las conversaciones con los testigos han permitido que María vaya recomponiendo la escena. Los testigos les han confirmado que no había carroceta, que el camión se había marchado, dejando atrás a varios hombres. No quedaban ni mangueras. María coincide con las brigadas: «¿Qué sentido tenía arriesgar tanto en una zona sin bosque, lejos de Ferreruela, en esas circunstancias?».

—Cuando viene una desgracia parece que vienen todas las cosas negativas juntas. Se puso malo Javi, el de la carroceta se fue. Si la carroceta se hubiera quedado, por mucho humo o lo que quieras, te mojas y te salvas. Mi cuñado sabe muy bien lo que hay. El conductor tenía que haberse quedado, que si se quema el camión se quema el camión. Mejor que se queme el camión que no que se queme mi marido.

Jacinto, agrega, se ha pronunciado con firmeza en la esfera privada, aunque mantenga un papel discreto hacia el exterior.

—No ha vuelto a ser el mismo. No lo creo, lo afirmo. No ha vuelto a ser el mismo, está muy enfadado. Tiene mucha experiencia y es un tío muy sensato, dice que no tendría que haber pasado. No tendría que haber pasado. Ha sido una catástrofe, algo fuera del alcance de cualquiera, pero mucha gente tampoco está preparada. Estamos hablando de un incendio, pero un fallo es una cadena y van uno detrás de otro.

Mari recuerda con pesar a los once brigadistas fallecidos en 2005 en Riba de Saelices (Guadalajara), también entre críticas a la gestión autonómica de Castilla-La Mancha, gobernada por el PSOE. Aquella vez ardieron 13 000 hectáreas, menos de la mitad que en julio de 2022. Ese incendio fue provocado por los rescoldos de una barbacoa.

La tragedia compartida ha servido para que ella también haya forjado amistad y cariño con los colegas de Daniel. La viuda llora al referirse a ellos.

—Para mí son mi familia, ya se lo he dicho... Siempre están pendientes, han hecho todo lo habido y por haber...

Varios de sus compañeros subieron contenidos a sus redes sociales el día del segundo aniversario con mensajes o fotos de su amigo caído. También publicaron una carta con el logotipo de la Asociación de Trabajadores de Incendios Forestales de Castilla y León, adornada con una llama de las que se empeñan en extinguir:

> Querido Daniel: Hoy hace dos años que te fuiste y por aquí todo sigue igual. La campaña viene tranquila porque ha llovido mucho en primavera, pero ya se verá. No podemos negar que tu partida aún nos entristece y nos enfada, no está siendo fácil. Tu falta deja un vacío muy grande en el dispositivo y no solo en CyL, también en compañeros de otras CC. AA., que aunque no te conocieron también te tienen muy presente. Lo que sí que podemos decirte es que hoy y todos los días tienes un hueco en cada Charlie, en cada torre, en cada Romeo y que estás invitado a ver el partido de vóley en la base que quieras, aunque sabemos que preferirás ver a los del Zulú 2. Desde donde estés, cuídanos y espéranos mucho tiempo. Te echamos de menos, Daniel Gullón.

—La Junta me ha dado lo que me tenía que dar y hasta ahí.

María no ha recibido ninguna llamada o respaldo de verdadero consuelo más allá de lo estrictamente oficial. A ello se añade una anodina conversación presencial con Mañueco y con Suárez-Quiñones, con las cámaras de la televisión y fotógrafos cerca, en la misa en la catedral de Zamora a la que el presidente accedió por un lateral. Tampoco lo echa de menos.

—Dicen que el muerto al hoyo y el vivo al bollo. Es verdad. Ya pasó todo y tengo claro que quienes tienen que preocuparse andan más pendientes de que los pinos vuelvan a dar dinero. El resto, a tomar por saco. Se pierde el dinero en donde se pierde mientras los bomberos están con trajes de mierda.

La familia de Gullón aguarda también fecha para la entrega de una Medalla de Oro concedida a título póstumo por Protección Civil, dependiente del Ministerio del Interior, prometida por el «heroísmo». Aún no saben nada.

Mari sigue acudiendo regularmente al lugar donde todo ocurrió. Intenta hacerlo junto a alguna amiga o algún pariente. Estas visitas le han permitido comprobar el enorme tamaño de los brazos de los molinos y el sonido al batirse contra el viento. Ella, con mimo, ha ido colocando flores sobre las cruces levantadas por los bomberos. De allí ha cogido las piedras trasladadas al patio.

—Siento como si Dani se hubiera quedado allí.

Las fechas pasan con relativa rapidez y en Ferreruela halla algo de acompañamiento. Ese abrigo desaparece cuando las noches la envuelven y no logra escapar del terror. «¿Qué le pasaría exactamente? ¿Sufrió mucho?», se tortura, mirando al techo sin encontrar respuestas y confiando en la investigación abierta.

—A veces veo a Daniel en llamas, como si lo estuviese viendo en el suelo. Me ha cambiado la vida totalmente. Venir a casa y ver que no está… es muy duro, sobre todo en invierno. La cabeza la tienes ahí.

Esa pena y esos terrores los intenta suavizar con ayuda de una psicóloga (que paga ella de su bolsillo): las instituciones no le han garantizado cubrirle económicamente el soporte emocional de estos meses.

Su foto de WhatsApp es una imagen de Daniel, canoso, con pantalones verdes, calzado marrón y jersey azul. Dani sonríe a la cámara. Le acompaña el siguiente mensaje: «Si hubiera sabido que no volverías, te habría abrazado más fuerte ese día».

El jardín de la entrada a casa de los Gullón Fuentes presenta varios troncos delgados pero firmes: unos kiwis, uno macho y uno hembra, que Dani plantó poco antes de su muerte. A los pies, un estanque de carpas, con los peces naranjas nadando tranquilos. Junto a ese amable enanito de jardín y la escultura de una bicicleta de piedra, María recibió aquel «Ha fallecido Daniel». Desde la verja exterior, que chirría al cerrarse, se disfruta del plácido ondear de las sábanas recién lavadas, blanco puro secándose al viento. Hoy no hay miedo a que ráfagas brutales las descuelguen con la fuerza con la que empujaron el fuego aquel domingo de julio.

Al levantar la mirada hacia la sierra de la Culebra se distinguen los enormes montones de árboles apilados en las laderas de los montes desnudos. El brillo del sol al atardecer se refleja en los retrovisores y baña de luz dorada los campos primaverales como si allí nunca hubiera pasado nada, como si todo fuese como siempre. Justo antes de abandonar Ferreras de Abajo y volver a la carretera general atravesada en su día por la lanza de fuego, me cruzo con un último recordatorio: un camión cargado de madera negra.